De la Tierra del
HIELO
A la Tierra del
FUEGO

El mundo no tiene fin

ENRIQUE CÓRDOBA ROCHA

De la Tierra del
HIELO
A la Tierra del
FUEGO

El mundo no tiene fin

Primera edición: abril, 2019
©2019, Palabra Libre S. A. S.
www.PalabraLibre.com

©2019, Enrique Córdoba Rocha

ISBN: 978-1-942963-14-1
Disponible en e-Book
Elementos de la portada: *Premium Subscription* (Freepik)
Foto del autor: ©Maripaz Pereira-Córdoba

Este libro no podrá ser reproducido, ni total ni parcialmente, sin el previo permiso escrito del editor. Todos los derechos reservados.

*A Maripaz,
lo mejor que he encontrado
en el camino: mi Norte, mi brújula,
mi amada compañera de viajes.*

*A Carlos Enrique y Mauricio, mis hijos.
A Alejandro, mi nieto*

ÍNDICE

PRÓLOGO   13

I. DE POLO A POLO
   1. En la Tierra del Hielo:
      Skagway, Alaska frontera norte   19
   2. En la Tierra del Fuego.
      Ushuaia: hombres del fin del mundo   25
   3. El Capitán Rino Buvoli   31

II. DESTINO: OCEANÍA
   1. Sídney tiene la gente más feliz   35
   2. Nueva Zelanda es naturaleza plena   41

III. ASIA, SUTIL Y ESPIRITUAL
   1. En Bali las solteras van al infierno   47
   2. Camboya es una aventura   51
   3. En Vietnam la mujer es quien manda   55
   4. A China no se viene a lavar platos   62

5. Hong Honk, el Nueva York de Asia … 65
6. India desde un tren … 73

IV. RINCONES DE EUROPA

1. El paradisíaco sur de Francia … 83
2. Ámsterdan de día y de noche … 90
3. Edimburgo es una ciudad perfecta … 93
4. Londres, señorío y tradición … 96
5. En Ibiza ya no hay hippies … 103
6. En Málaga no hay estrés … 106
7. Costa del Sol, una experiencia soñada. … 111
8. Los helados de Calabria … 115
9. Mangiare en la bota italiana … 122
10. El verano en Florencia es una locura … 127

V. ENTRE CONTINENTES

1. De Beirut a Zahle y Baalbek … 133
2. Mi mejor amigo ruso tiene un diente de oro … 137
3. Moscú, lo más querido de este mundo … 152
4. San Francisco donde todos quieren vivir … 158
5. Mark Twain se deslumbró en Nicaragua … 162
6. Puerto Rico es "monte y mar" … 168
7. Si no comes en Perú, no sabes lo que te pierdes … 173
8. México tiene todo, hasta pirámides … 178
9. Yo viajé en el "Expreso del Sol" … 185
10. Chivos y un collar, y te puedes casar … 188
11. Bogotá no es solo rumba … 192

12. La montaña al pie del mar   195
13. Tres colombianos en La Habana   197
14. Cuba y la Coca-Cola del olvido   200
15. Bandolerismo en altamar   208

Sobre el autor   213

*"Un libro, como un viaje
comienza con inquietud
y se termina con melancolía".*
José Vasconcelos

PRÓLOGO

Antes de meterle diente al prólogo, quiero curarme en salud y advertir sobre los efectos secundarios que podría causar la lectura de este libro.

Precaución:
No te aconsejo leer este libro de una sola sentada, porque podrías contagiarte de lo que hoy se conoce en el mundo como «Síndrome del Marco Polo de Lorica». Dicho trastorno se manifiesta en una irrefrenable ansia de aventura que podría afectar a personas —tan sensibles como yo— más si nos confesamos dispuestos a liquidar, a precio de ocasión, casa, familia y caudales, para seguir con veneración la huella de este viajero impenitente, que logra fascinarnos con otra de sus crónicas de viaje, libro éste que nos seduce con una suerte de reclamo evangélico: «¡Deja todo y sígueme!»

Para empezar, es justo establecer las fronteras entre el viajero y el aventurero. Porque una cosa es el turista que se embarca en la «aventura» de un crucero para disfrutar de una semana sin internet, y otra, un aventurero, como Enrique Córdoba, que en cada cruce de caminos, se embarca en la tarea de descubrirnos todas las historias fascinantes que atesoran unos pueblos que no aparecen ni en internet.

Me encanta la prosa que el autor derrocha en este libro, mezcla de crónica de viajes, de chisme de vecindario y de cátedra de humanidades. ¡Ah! y si el texto nos «suena tan natural» es porque Enrique escribe como habla, con una dosis inmensa de honestidad e ingenuidad. A propósito, el autor de estas crónicas de viaje exhibe como visa de entrada a los rincones más exóticos del planeta, una «sonrisa de selfie genuina», suerte de llave maestra que le abre hasta las puertas más herméticas.

No importa si debe enfrentar a algún quisquilloso funcionario de inmigración en una frontera vecina con el fin del mundo, o debe convencer al conserje de un hotel en Niza, donde no hizo reservación, para que lo aloje en la mejor habitación con vista al mar, o si le urge interpretar, a la medianoche, un mapa con textos en mandarín... En esos casos, Enrique no exhibe arrogante sus credenciales como corresponsal extranjero, sino su sonrisa de hombre transparente y pronuncia el santo y seña que ya le funciona en seis de los cinco continentes: «Soy El Marco Polo de Lorica».

Seguir a Enrique por la radio y la televisión y leer sus crónicas de prensa es una experiencia grata, pero resulta aún más enriquecedor disfrutar sus anécdotas en una tertulia en su apartamento de Brickell. Pero nada de lo anterior se compara con el privilegio de viajar con el Marco Polo de Lorica, porque desde la madrugada hasta la medianoche uno disfruta de una verdadera curva de aprendizaje. De entrada, él sabe cómo preparar su equipaje. Cualquiera juraría que carga seis maletas, porque para cada ocasión aparece con la pinta precisa, pero eso no es más que ilusión óptica. Luce igual de señor en un bar de mala muerte en Hanoi que en un palacio de la rancia aristocracia europea. Y a juzgar por su curiosidad y preguntadera, nada da por cierto. Plantea preguntas que nadie hace, y todo lo va grabando en esa memoria privilegiada que le envidiaría cualquier cobrador de impuestos.

Les recomiendo este libro, porque ha sido diseñado por un viajero infatigable, a la medida de aquellos lectores que quieren sentir sobre su piel la emoción de un viaje inolvidable.

Pese a que le sugerí publicar estas crónicas en un libro de formato estándar, Enrique se empecinó en publicarlo en formato «de bolsillo», por ser devoto de las cosas prácticas. «Suelo cargar libros de bolsillo porque son mi dulce compañía, no importa si es en el transcurso de un viaje *eterno* en el tren transiberiano, o sobre el lomo de un dromedario corcoveador en un cruce del Sahara. Cualquier libro que puedas cargar en el bolsillo de atrás del jean, y que lo disfrutes en cualquier página, ése es el libro que merece ser tu fiel compañero en el próximo viaje».

El mayor aporte de este libro a la ciencia inexacta de viajar es descubrir que somos una ínsula rodeada de maravillosos seres humanos por todas partes.

Más que una crónica de viajes este libro es un tratado sobre la condición humana. En sus textos se dan cita gente de todas las clases sociales y castas, y de todas las pigmentaciones de piel, que expresan sus creencias, sentimientos y experiencias en una variedad de acentos.

A través de tantas anécdotas, Enrique nos demuestra que los seres humanos estamos obligados a asumir una responsabilidad solidaria con el único planeta que conocemos, porque compartimos un destino común: somos una sola especie, tripulantes de la misma nave azul, pequeña y frágil, que viaja desbocada por el espacio, a unos cuarenta mil kilómetros por segundo, sobre una autopista cósmica de una sola vía.

Éste, nuestro hábitat, es una pompa de jabón tan vulnerable que si un asteroide vago y desempleado se llegara a atravesar en nuestra trayectoria, nos vamos a joder todos –sin excepción– en el mismo cataclismo universal... sin tiempo para decir ni pío. (¡Dios no lo permita!)

Antes de empacar mis trastos de escribir, debo confesar que si de mí dependiera, escribiría un texto de 120 caracteres acerca de Enrique y más de un centenar de páginas sobre su sombra: Maripaz. Mujer admirable que se constituye en su razón de ser y de viajar. Ella, armada de una paciencia que se la envidiaría el Santo Job, asumió el compromiso de hacer de cada periplo un evento inolvidable. Más que manejar la cámara de video, los equipos de grabación, el GPS, el presupuesto, el mapa y el itinerario, ella lo maneja a él.

Ahora sí, ¡feliz viaje! Vamos de la Tierra del Hielo, a la Tierra del Fuego.

Desde Miramar, Florida, en un abril cualquiera,

Armando Caicedo.

I

DE POLO A POLO

1. En la Tierra del Hielo:
Skagway, Alaska frontera norte

Nos encontramos aquí, en el Campamento de Fortmyle, Alaska, en el verano 1896. Un grupo de aventureros de profesión —y mineros de ocasión— juegan póker y beben whisky en un bar de mala muerte. Esta parece ser la forma más civilizada de sobrevivir en un territorio tan salvaje y aislado, y, de paso, compensar las frustraciones de tantos meses de trabajo despiadado, sin encontrar ni el rastro de una esquiva pepa de oro.

De repente un hombre sucio, a punto de desplomarse, ingresa abruptamente al salón, gritando:

—¡Oro! ¡Oro!

Saltan por el aire las copas, las botellas y los naipes, y en una sola algarabía los presentes preguntan.

—¿Oro? ¿Oro? ¿Dónde? ¿Dónde?

—En Bonanza Creek.

Con este aviso, George Carmack cambió en un segundo la historia de Estados Unidos, y desencadenó la arrolladora fiebre del oro en el río Yukón, aquí, en los límites entre Alaska y Canadá.

Carmack y sus amigos corrieron a demarcar el área con postes y a levantar los planos que les exigía la ley. Pero muy pronto descubrieron que la inmensa zona, tan agreste, montañosa y solitaria, demandaba miles de mineros para explorar, excavar y recuperar el oro de sus entrañas.

Como efecto de la noticia sobre el hallazgo de oro en el Klondike, empezaron a llegar a Juneau, cantidades de mineros fracasados, que arribaron tarde a la locura colectiva que se desató en California, con la fiebre del oro de 1849.

Estados Unidos, que padecía entonces su segunda bancarrota, convirtió este descubrimiento en la gran esperanza para su recuperación. Muchas noticias, basadas en hechos deformados por la imaginación, daban cuenta de los barcos cargados con oro que partían rumbo a San Francisco.

Un periodista del "Seattle Post-Intelligencer" que se embarcó en el "Portland", se adelantó con la noticia. Su periódico comunicó la primicia, a todo lo ancho de su primera página, bajo el título "Una tonelada de oro". Por esa razón, antes de que el primer barco anclara en Seattle, miles de personas ya lo esperaban en el muelle, impactados por la crónica.

La noticia le dio la vuelta al mundo y Alaska se convirtió en el destino más apetecido por aventureros de todos pelambres, dispuestos a hacer fortuna, de la noche a la mañana. No les importó invertir sus ahorros en el viaje, los abastecimientos y las herramientas, sino que además pagaron con gusto los $600 dólares que el gobierno canadiense les demandó a cada uno de los primeros cien mil aventureros que arribaron en busca de licencia.

¡Oh, coincidencia! Ciento veinte años más tarde, cuando arribé a Alaska, yo también cargaba $600 dólares en efectivo, como si estuviera obligado a invertir esa suma para obtener la licencia que me permitiera meter mis narices, tanto en la historia de Alaska como en la histeria de la fiebre de oro en el Yukon.

A varios kilómetros de donde tuvo lugar aquella epopeya del siglo XIX, despegó el helicóptero que abordamos para conocer el majestuoso glaciar.

Se trata de un casquete grueso de hielo azul, rodeado de montañas, y de cumbres nevadas.

Por casi una hora sobrevolamos en la pequeña aeronave, el río, la cordillera y los acantilados, cubiertos de nieve para llegar hasta este valle.

—¡Cuídense al bajar! El rotor del helicóptero continúa girando y no quisiera regresar a la base con algún decapitado— era la voz del joven piloto. Nos autorizó a descender. Pusimos pie sobre la masa de nieve sólida, como una piedra. El frío era sobrecogedor. Nos quemó hasta la médula, a pesar de estar bien abrigados. Pero no nos apagó la emoción de estar sobre el hielo y sentirnos más cerca del polo.

Serenidad. Belleza. Naturaleza. Aire puro. Fueron las primeras sensaciones.

—¡Lo soñado! ¡Por fin, Alaska!—, expresé con euforia a mi esposa. Sentí el aliento helado. Levanté la mirada y lo que vi fue una superficie recristalizada de nieve.

Caminamos unos cien metros, con cuidado para no deslizarnos manteniendo el equilibrio, en medio de la borrasca de viento y nieve. No me aguanté la curiosidad. Toqué con las manos el glaciar, duro como una roca.

—Esta experiencia paga el viaje— dije. Me dispuse a tomar fotografías del paisaje gélido y salvaje.

Luego nos acercamos para admirar una enorme grieta donde se precipitan las corrientes de ríos subterráneos creados por el hielo derretido.

Uno que otro turista lanzaba piedras enormes al vacío con el ánimo de escuchar el eco al caer en la profundidad. Eran como cavernas formadas bajo el espesor del suelo congelado.

Ayudado por los bastones, caminé sobre cuatro extremidades hasta un puente de nieve. Aparte de golpear el hielo, solo conseguía tiritar y echar vaho por la boca. Olvídense. Un colombiano, criado a la orilla del mar, a mi edad, no puede hacer nada más, en el paralelo 60 norte, longitud 135 oeste.

Alaska es deslumbrante. A todos asombró.

El helicóptero nos regresó a Skagway. Un pueblo que nació y creció con la cruel fiebre del oro de 1897. En esa época construyeron el tren conocido White Pass y todavía funciona. Va de Alaska a Yukón en Canadá. Era el ferrocarril en el que se transportaban los mineros. Al llegar a Canadá, el gobierno exigía mostrar una tonelada de alimentos para sobrevivir.

Muchos murieron de frío y hambre.

Caminé por las calles de Skagway. Sentí frescos el rastro de los buscadores de oro del siglo XIX y las historias del escritor Jack London.

Se cuenta que la noticia de la fiebre del oro en el río Yukón, límite de Alaska y Canadá— fue difundida por los despachos telegráficos del país. Atrajo a unos 100.000 desempleados, entre ellos a un joven californiano de 21 años. El muchacho se llenó de historias que vivió en primera persona y las plasmó en reportajes y novelas. Se trató de Jack London. Escribió sus primeras experiencias, en "Martin Eden", una novela sobre las condiciones humanas en situaciones extremas. Este trabajo lo convirtió en precursor de lo que más tarde se llamaría Nuevo Periodismo.

—Skagway se debe a la migración de mineros buscadores de fortuna. Trabajadores de las carrileras del tren y banqueros, —reiteró la camarera de un bar donde entré a probar cerveza. La mujer rubia estaba vestida a la usanza de los años del furor migratorio, originada por la explotación de las minas.

Skagway tiene hoy un poco más de mil habitantes que sobreviven del turismo de cruceros.

Me detengo con espíritu de observador en Broadway Avenue. Es la vía principal con tiendas, hoteles, bares y restaurantes. Algunas son falsas fachadas usadas para el rodaje de películas. Si hubo algo que me impactó de este villorrio con un ambiente tan parecido a los pueblos del oeste americano, fue la visita al museo y biblioteca de la ciudad. Por solo dos dólares se tiene acceso a los archivos, reportajes, fotografías, herramientas, objetos y equipos de "Klondike Gold Rush de 1898". El museo recrea el drama de los que sobrevivieron y los que perdieron la vida en la aventura del oro.

Para ir a Skagway salimos primero a Juneau, la capital de Alaska. Navegamos en el barco «Explorer of the Seas». Zarpó de Seattle a las 4:00 de la tarde con tres mil pasajeros a bordo.

Aprovechando la calma del viaje, al caer el sol entramos a un piano bar. Aplaudimos a un excelente guitarrista filipino y nos divertimos hasta la media noche cuando nos fuimos a dormir.

Rumbo al camarote, le comenté a Maripaz: unos afirman que el inventor de los cruceros fue Samuel Cunard, en 1839. Otros aseguran que fue Lord Dufferin, en 1856.

Añadí: cualquiera de los dos que sea, quien dio origen a estos viajes, merece un gran reconocimiento. Imagínate viajar, divertirse y no preocuparse de maletas, restaurante y hotel. Esta es una opción que no tiene precio. Es fabulosa.

—Estoy de acuerdo. Yo podría vivir en un crucero— acotó ella. Espera a que me gane la lotería, le dije.

Debido a su localización geográfica, a Juneau, la capital de Alaska no se puede acceder por carretera. Solo se llega por avión o por agua. El domingo al medio día, después de recorrer 700 millas náuticas, llegamos al muelle de Juneau, sobre el vibrante puerto Gastineau. Entrada y salida de cruceros, lanchas o hidroplanos.

Impresiona la altura del monte Roberts sobre la ciudad. Tiene la apariencia de una pared verde en forma de muralla de pinos. Las calles en forma de laberinto y las edificaciones ofrecen una colorida postal. Además tiene pintorescos edificios y almacenes. Una iglesia rusa ortodoxa y tiendas de venta de diamantes. Bares de cerveza y música country. Las casas conservan estilos de inicios del siglo XIX, época de máximo furor de la explotación del oro.

Nos alistamos para ir al mar en ferry y ver el espectáculo de las ballenas al respirar por el espiráculo. Inhalan oxígeno, producen un ruido y expulsan vapor de agua formando un chorro. Este episodio repetido por cada una de las ballenas reunidas conforma una coreografía celebrada por los espectadores. Cada quien, cámara en mano, intentaba hacer una buena fotografía de la enorme cola de la ballena.

El estado de Alaska es un bello conjunto de bosques, glaciares, lagos, mar y una población de 600.000 habitantes, informados, conscientes de cuidar la naturaleza.

En este gran periplo global, además de las ilusiones, me acompañan dos maletas de 20 kilos. Dos morrales cargados de cámaras fotográficas. Grabadoras. Mapas y nuestros teléfonos móviles con 256 gigas de capacidad para tomar fotografías y videos.

Ahora la aventura me deslumbra. Debo recorrer los casi 18.000 kilómetros que separan mis dos grandes destinos. En el Ártico, la tierra del hielo. En la Antártida, la tierra del Fuego. Y luego Oceanía. Asia. Europa. Las Américas.

2. En la Tierra del Fuego.
Ushuaia: hombres del fin del mundo

Nos encontramos aquí, en Londres, en las oficinas de Trans Antartic Expedition, ubicada en Burlington Street. Es el verano de 1914. A este lugar han acudido cinco mil hombres y tres mujeres, que atendieron el aviso publicado en el Times de Londres, por los organizadores de una expedición que planea atravesar, por primera ocasión, el continente Antártico:

«Se buscan hombres para viaje peligroso. Sueldo escaso. Frío extremo. Largos meses de completa oscuridad. Peligro constante. No se asegura el regreso. Honor y reconocimiento en caso de éxito».

Luego de intenso escrutinio seleccionaron a los 56 mejores hombres y los destinaron a cada uno de los dos buques de la expedición: 28 para el Endurance y 28 para el Aurora.

Han transcurrido 103 años desde la publicación del aviso en el Times de Londres y yo me encuentro en la región donde se desarrolló la aventura. La pasión por descubrir mundos y conocer gente me trajo hasta la puerta de la Antártida. Hoy, en un miércoles de otoño, cumplo mi tercer día embarcado, repasando la ruta que Fernando Magallanes descubrió en 1520 para superar estos mares tenebrosos y descubrir la ruta que permitió navegar, por primera ocasión en la historia, alrededor del mundo.

Una mujer madura, argentina, veterana navegante de estos mares helados, cubierta con un gorro de lana y una gruesa bufanda que la protege del frío, me susurró al oído la suerte de la expedición británica: «Las desventuras y actos de heroísmo que vivieron estos hombres durante más de tres años, en las peores condiciones climáticas, superan cualquier ficción. La expedición fracasó y debieron pasar más de cuarenta años antes de que se lograra coronar con éxito la primera travesía de la Antártida». No pudimos hablar más. La fuerte brisa gélida nos golpeaba con tal fuerza que nos vimos obligados a retirarnos de cubierta y a buscar refugio en el interior de la embarcación. La mujer continuó afuera cumpliendo sus obligaciones como curtido miembro de la tripulación.

El cielo tiene un azul casi sobrecogedor; salimos del puerto de Ushuaia y navegamos por el Canal de Beagle, —a 9.000 kilómetros de Miami—. Me sentía extraño de encontrarme en el extremo sur de la superficie de la tierra.

—Por las grandes fogatas que hacían los nativos en el norte de la isla, Magallanes le llamó Tierra de los Fuegos—, expresó Evelyn Devereux, bióloga y guía del Parque Nacional de Tierra del Fuego. Este es uno de los refrigeradores del mundo, agregó. Es el único lugar en el que los argentinos cruzamos los Andes y seguimos en Argentina.

Hoy, un siglo después de que Sir Shackleton intentó la odisea, Usuahia y Stanley son los puertos más conocidos para llegar a los mares tormentosos de la Antártida.

Fernando Magallanes, navegante portugués, patrocinado por España, descubrió el estrecho y le llamó de Todos los Santos, porque llegó ese día. Sumaban más de un año navegando y bordeando América del Sur, tratando de encontrar el paso a las islas de las especies. Salió de Sanlúcar de Barrameda con 234 hombres y regresaron 18 vivos al mismo puerto español. El líder de la primera vuelta al mundo, Magallanes, no volvió, fue otro de la expedición que perdió la vida en el camino.

Desde 1520 hasta 1914, el mundo pasó por el estrecho de Magallanes. En 1914 se abrió el Canal de Panamá y este paso fue olvidado. Todo esto se descubre en 1520: Cabo de Hornos, llegan a la Antártida, circunnavegan las islas, pero nadie entró a lo que es Ushuaia y el Canal de Beagle, hasta 1830. Así que esta zona es realmente nueva.

—Quién la descubrió?—, pregunté.

—Fitz Roy, Parker King y el teniente Murray, quienes venían en una expedición inglesa de estudios, respondió la señora Devereux.

—Usuahia es la capital internacional de la Antártida—, me dijo en su oficina Daniel Leguizamón, secretario municipal de turismo local. Aquí la gente en la mañana va a la montaña y en la tarde está viendo lobos marinos a veinte minutos de distancia. El Parque Nacional de Tierra del Fuego es un territorio de ensueño. Se puede comer centolla del Canal de Beagle o merluza negra del Atlántico. Es un lugar que reúne muchas cosas, tenemos temporada de verano e invierno con equipos de esquí competitivos diferentes. Nos complementamos con el glacial Perito Moreno en la provincia de Santa Cruz, con las tierras fueguinas, con los cruceros que van a Punta Arenas en Chile.

Leguizamón enfatiza la actividad del puerto de Ushuaia.

—El 96% del tráfico mundial a la Antártida sale de aquí. 350 atraques de cruceros por año. 250 salidas anuales a la Antártida. Mucha gente llega a Ushuaia como si fuera al Everest, es uno de los extremos del mundo. Somos Patagonia, somos Tierra del Fuego, somos hospitalarios, no hay violencia, el que llega se va a sentir cómodo, como en su casa, la naturaleza es deslumbrante.

El día 3 navegamos por el canal de Beagle, otro plato fuerte de la visita a Ushuaia. Nombre del catamarán: "El canoero" y Patricia Secondi, la capitana. Estaba oscuro y la vista de las luces de las casas y farolas de las calles de Ushuaia, en la falda de la montaña, se fue diluyendo a medida que la nave se alejaba. El paisaje era alucinante, bellezas naturales en el mar, los cerros, las costas, todo plateado, mientras nos sumergíamos en la navegación, algo nunca visto.

—Estamos viendo el Faro del Fin del Mundo—, dijo Patricia por el altavoz. Aquí todo es del Fin del Mundo, pensé. Hay dos faros del Fin del Mundo. El que meciona Julio Verne en su novela "Faro del Fin del Mundo". Es el Faro Les Eclaireus, —que se visita en las excursiones marítimas—, de color rojo y blanco, en servicio desde 1920, que es el que yo he visto y al que Maripaz y yo le hemos tomado fotografías. Y el Faro San Juan de Salvamento, puesto en servicio en 1884 por el gobierno argentino cerca de Cabo de Hornos para ayudar a los viajeros por uno de los estrechos más peligrosos del mundo para la navegación.

—Se ven bien las montañas, comenté.

—Son diez días de sol a plenitud al año— anotó Lucas, otro de los guías. El resto es cambiante, añadió.

En la tarde subimos al Cerro Castor, premiado en el 2013 como el mejor centro de esquí de Argentina, en el Parque Nacional Tierra del Fuego. Montamos en las sillas y caminamos sobre la nieve.

A la mañana siguiente nos alistamos con nuestro equipo de exploradores para atravesar la cordillera de los Andes por el Paso Garibaldi. Fue bautizado con Garibaldi, no por el apellido del político italiano. El nombre fue tomado de "Gare balde", una supuesta expresión de un cura italiano que solicitaba "agarra el balde", para transportar agua, y así quedó la leyenda.

Nos recogieron en un jeep de doble tracción y viajamos por el paso carretero viendo casas y edificaciones de madera, en un día plomizo y frío hasta Rancho Hambre. Luego acampamos para comer y tomamos fotos desde el Mirador del Lago Escondido y el Lago Fagnano. Rodolfo Gaula, el conductor, indicó:

—Estamos en la única carretera que ha logrado atravesar el sistema cordillerano y la vía más austral del mundo, fue construida a mediados del siglo pasado.

—En el bosque fueguino sobresalen plantas que llevan por nombre: coigüe de Magallanes y hayas del sur, pero la que más abunda es la lenga.

La visita a la estación del ferrocarril del Fin del Mundo, también conocido como Ferrocarril Austral Fueguino, llama la atención con su vieja maquinaria y los vagones cargados de leyendas. Grupos de excursionistas de todo el mundo se embarcan y hacen el recorrido de una hora en la locomotora de vagones centenarios. Lo abordamos y el tren avanzó lentamente sobre la carrilera mientras una voz femenina que se repetía en español, inglés y portugués, explicaba la historia escalofriante de los presidiarios construyendo su cárcel en condiciones inhumanas.

Nos relataron que en 1896, fue trasladado a Ushuaia el primer grupo de 14 reclusos. El propósito: colonizar la isla. Por esa razón enviaron 11 hombres más y 9 mujeres voluntarias.

Se convirtió en destino de facinerosos que habían cometido delitos graves. El penal tuvo 30 áreas de trabajo. Los reclusos trabajaron en la construcción de calles, obras públicas y explotación de bosques.

Llegó a sumar 13.000 personas, de ellos solo 2.000 civiles. El tren y la cárcel nacieron el uno para el otro.

El ingeniero napolitano Catello Muratgia, segundo director del penal, puso a funcionar el trencito sobre 17 kilómetros de carrilera para traer leña del bosque, informó la locutora que se escucha en el audio durante el recorrido.

—El clima hostil y la lejanía geográfica fueron motivos de seguridad para enviar hasta este penal a criminales de alta peligrosidad—. Más tarde fue prisión de presos políticos y celebridades como escritores y hasta el propio Carlos Gardel.

Ahora funcionan dos museos: el marítimo y el del presidio con sus celdas y camas. Los calabozos están ambientados con esculturas de presos reproducidos en cera con sus uniformes de color azul y amarillo. Son los mismos colores de la bandera sueca que dieron origen al uniforme del equipo de fútbol Boca Juniors, de Buenos Aires.

Cayetano Santos Godino, alias Petiso Orejudo, fue el preso más famoso del reclusorio. Se trató de un sicópata autor de los primeros asesinatos en serie de la historia de Argentina. Otros prisioneros destacados: el anarquista Simón Radowitzky, condenado por matar en 1909 al jefe de la policía.

En este último día de mi recorrido por Usuahia me di una licencia gastronómica y probé cazuela de conejo, en un restaurante de grandes ventanales y una vista privilegiada del puerto.

La cocina de Usuhaia es rica en carnes, pescados, centolla, merluza negra y cordero. En la buena mesa no faltan los vinos nacionales y los alfajores.

Desde la puerta del avión, antes de dejar suelo patagónico, me despedí del Canal de Beagle, de los picachos andinos, los amigos que conocí y el faro del Fin del Mundo.

3. El Capitán Rino Buvoli

Una semana después de llegar a Miami procedente de Tierra del Fuego, y días antes de proseguir mi periplo, me crucé con el capitán Rino Buvoli. Es un fumador de pipa. Ganó hace varios años en Key West, el concurso de la barba más parecida a la de Hemingway. En vez de *daiquirí* prefiere vino y cerveza del barril. En lugar de escribir disfruta violando las leyes.

No es americano. Procede de Apulia. Es llamado el capitán Rino Buvoli.

De todos los que conozco, este es el capitán que más me ha impresionado en la vida. ¿Por qué? Pues, por su lealtad. Me lo demostró cuando se la jugó de valiente y me salvó la vida. Fue la noche de Halloween. Un mafioso en un bar de mala muerte en Miami descubrió que fui yo quien cooperó en la fuga de su mujer. La maltrataba sicológica y físicamente y decidió escaparse de la casa. "Si no me voy me mata", dijo y le facilité su huída en un vuelo a Nueva York. El narco se disponía a desocupar su pistola en mi cabeza. El capitán no dudó un segundo en sacar su arma, a toda velocidad y le destrozó la mano de tres balazos.

Por esto y por mucho más, es mi Alejandro Magno, mi héroe. Es un capitán fuera de serie. Conmigo tiene crédito abierto en mi imaginación.

No soy un viajero cualquiera. Tengo el amuleto imantado de la buena suerte. El olfato para que se atraviesen, en mi camino, los poseídos de las historias y tesoros que uno debe saber de cada lugar. Personas que parecen que estaban esperando por mí.

Me ufano de guardar y tener a mano teléfonos, direcciones, grabaciones y fotografías. Son 12.000 contactos. Los he conocido en los cinco continentes. Amigos y conocidos. De vez en cuando los llamo. A ellos debo buena parte de los hallazgos y la información que me ha servido de materia prima para escribir mis crónicas de viaje.

De la vida y andanzas del capital Buvoli comentaré más adelante. Lo que sigue es la bitácora de mis vivencias, acompañado de Maripaz, mi esposa, fotógrafa, camarógrafa y el polo a tierra de este viaje cuyas siguientes escalas son: Australia y Nueva Zelanda

II

DESTINO: OCEANÍA

1. Sídney tiene la gente más feliz

Esa primera mañana en Sídney amanecí muy intrigado. Durante la noche había escuchado el sonido de unas aves y por la intensidad del canto me daba la impresión de ser muchas y de gran tamaño. Por momentos me sentí confundido. No sabía si estaba en la ciudad más antigua de Australia o en un bosque amazónico, en Colombia.

—Son guacamayas—, explicó al día siguiente Stefan Khan. Es el dueño de la casa, en Cross Street, donde alquilamos una habitación. Estábamos en Double Bay, área tradicional y exclusiva. Vecindario hermoso con mansiones, casas victorianas, autos de lujo, dos bahías, puerto y parques. Una vida vibrante con tiendas, restaurantes, bares y cafés al aire libre. En fin, un lugar idílico donde uno quisiera quedarse y disfrutar días y más días.

La causa de los sonidos nocturnos se debe a que las casas de Sidney tienen patios muy arborizados. Los bosques son hábitat de diversas aves.

Desayunamos en la terraza de D´Bees Café, en el área de Double Bay.

El camarero que nos atendió se llama Allen Jacobson. Resultó ser un emigrante de sur África, que llegó a Australia hace 22 años.

—Este es un país que le da la bienvenida a todos los que llegan—, nos comentó Jacobson. Nos trajo café con huevos, "croissant" y un poco de salmón.

Tomamos el metro y nos acercó al downtown. Bajo un cielo limpio de verano, frente a nosotros el espectáculo más hermoso. La Ópera, el ícono de la ciudad.

¡No podía creer lo que tenía ante mis ojos! La más famosa bahía y el mayor puerto natural del mundo. Caminamos y en la vía vimos grupos de jóvenes departiendo en los bares. Era medio día. Llegamos hasta tocar la Ópera. El proyecto arquitectónico de su construcción fue considerado en 1957 el más importante después de la II Guerra Mundial. Llegaron 233 proyectos de 30 países. El ganador fue un joven danés de 38 años Jorn Utzon. El costo proyectado al inicio de las obras fue de 3 millones y medio de dólares. Al terminar la obra en 1975, después de muchos contratiempos, incluida la renuncia del danés, fue de 102 millones de dólares australianos. La Sydney Opera House es la principal atracción turística de Australia y una de las maravillas del mundo moderno.

Maripaz y yo viajamos seis horas desde Miami hasta Los Angeles. Quince horas más de Los Ángeles a Sidney. Viajamos en febrero, porque para estar aquí en diciembre había que reservar pasajes con mucho tiempo o pagar altas tarifas a las aerolíneas.

—Para fin de año llegan miles y miles de turistas de todo el mundo— explicó Peter Cohen, un amigo ingeniero, nacido en Australia.

—Esto es un mar de gente—, comentó Cohen. Regresó a vivir a su tierra luego de trabajar varios años en la construcción del oleoducto Caño Limón-Coveñas, en Colombia. Vivió en Cartagena de Indias y se casó con la cartagenera Moraima Vergara. Peter y Moraima tuvieron mucho interés en pasearnos y llevarnos a conocer Sídney y sus vecindades.

—A los nacidos aquí les llaman "sidneysiders" y si quieres llamarlos cariñosamente "aussies"—, precisó Peter.

En enero de 1788, arribaron a la bahía de Sídney 11 barcos, transportando colonos ingleses. Entre ellos, 778 convictos de crímenes, 192 mujeres y 586 hombres. Port Jackson fue el lugar donde Arthur Phillips fundó la colonia penal en aquella época. Hoy es solo la referencia de una de las veinte bahías que embellecen a Sídney. La ciudad encabeza la lista de ciudades con mejor calidad de vida del planeta.

Aquellos aborígenes que poblaban estas tierras fueron extinguidos por el brote de la viruela y los enfrentamientos con los invasores ingleses. 227 años más tarde, la Bahía de Sídney albergaría una urbe cosmopolita de cuatro millones de habitantes provenientes de todo el planeta.

Sídney es una mezcla de ambientes de Hong Kong y Londres. Su gente es bien educada. Disfrutan el "no problem" de Jamaica, el confort europeo y el glamur de Beberly Hills. No pierden la energía de su flema británica. La nomenclatura de las calles y la atmósfera de Sídney poseen el toque de la vieja Inglaterra. Caminar por sus calles y barrios es reencontrarse con paisajes de King Cross St., St. James, Paddington, Oxford, St. George, Hyde Park, William, etc.

Entré al mercado de pescado en Sidney y tuve una experiencia curiosa. Observé chinos por montones. Unos vendiendo y otros comiendo gran variedad de peces, mariscos y sashimi super fresco. Las lanchas se podían ver por los ventanales de cristal. Largas colas, numerosos chinos con sus familias, australianos y turistas.

Watson Bay es una de las bahías de la hermosa Gran Bahía de Sidney. Aquí se ha desarrollado una de las urbes más bellas y modernas. La política inmigratoria de Australia es selectiva. Aceptan jóvenes preparados de todo el mundo. Los asiáticos son el grupo más dominante. El valor de la propiedad raíz es elevada, equivale al doble de los precios de Miami.

—No puedes perderte de ir a la playa de Bondi —nos habían recomendado en Miami, Martha y Gonzalo Jaramillo, antes de nuestra partida. Martha y Gonzalo vivieron varios años como diplomáticos colombianos en Australia y siempre hablan con nostalgia de su paso por estas islas. Bondi es una de las fajas de arena más famosa del planeta. Toma su nombre del suburbio donde está localizada. Es un paraíso de surfistas. Muy concurrida de turistas y bañistas, cafés, heladerías y bares de cerveza con terrazas al aire libre y un entorno que enamora a cualquiera. La agenda de eventos los fines de semana atrae mucho público.

Sídney es bella, pero costosa. Figura entre las cinco ciudades más caras del mundo. Se vive sin afán. Cada quien hace lo que quiere, sin infringir la ley.

—Los australianos son muy nacionalistas. La gente adinerada es de cero apariencias— me explicaron.

Dediqué una tarde a pasear por las calles del viejo barrio "The Rocks", cerca del puerto. Fue una agradable aventura visitar restaurantes y los pubs más antiguos de Sídney. Edificios históricos y mega construcciones elevadas, con diseños innovadores. Es un área para disfrutar del ambiente bohemio. "Fortune of War" es un bar en George Street, donde se toma cerveza desde 1828, según reza en un letrero fijado a la pared.

—Los chinos están viniendo a Australia con mucho dinero—, manifestó Carlos Castro, un colombiano oriundo de Villavicencio. Pagan lo que sea, —asegura Castro, casado con una japonesa. Vino a estudiar inglés y al no encontrar trabajo en Colombia, a su regreso, decidió regresar a Australia. Ahora está radicado en Sídney. Fundó con éxito "Per kilo", un restaurante de cocina suramericana, en el cual nos conocimos.

—Este es un país ideal para criar niños—, opina Patricia González, bogotana casada con australiano.

—Aquí los niños son libres—, asegura por su parte la caleña Paola Trujillo Bell, esposa de un neozelandés, residente en Double Bay. Se refieren a la libertad y seguridad con la que los niños salen a jugar a los parques. El transporte público es tan eficiente que ejecutivos y camareros usan el tren, el metro y los buses.

—Compramos nuestro auto hace tres años y solo le hemos hecho 25.000 kilómetros—, expresó Joaco Herrera. No requiere de su vehículo debido a que el servicio de transporte público es muy eficiente. Joaco es cartagenero, dueño de "Café con leche". Es otro restaurante colombiano donde acuden los paisanos a degustar caldo de costilla, ajiaco y empanadas.

Los venezolanos, cuya población crece cada vez más, encuentran en el restaurante "La Latina", su plato típico: pabellón, arepa rellena y "la colita".

En Sídney se gana bien. El salario mínimo oscila entre 18 y 30 dólares la hora, "pero también se gasta, porque el nivel de vida es costoso".

El centro de Sídney es un enorme enjambre de jóvenes profesionales, ejecutivos y empresarios.

—Australia ha cambiado mucho en los últimos veinte años—, me dijo Martin Walsh, profesor de regata en Watson Bay. Martin es miembro de una familia tradicional australiana de campeones de concursos internacionales de vela. "La cultura inglesa ha cedido espacio a muchas culturas de grupos de inmigrantes de todo el mundo", dijo. Walsh no se siente molesto con los inmigrantes "porque sin ellos la vida sería aburrida", acepta.

El litro de gasolina vale 1,17 dólares australianos, que al cambio equivalen a 1,20 por dólar americano.

Abordamos el tren en la estación de Sídney y viajamos hasta Katoomba, a 100 kilómetros de distancia. Es la meseta aborigen más visitada de Australia, donde se encuentran las "Tres Hermanas". Uno de los enclaves reconocidos de las Montañas Azules, en Nueva Gales del Sur.

De Sídney volamos a Melbourne, donde los primeros colonos en llegar fueron británicos e irlandeses. La fiebre del oro de 1850 atrajo a miles de inmigrantes de todo el mundo. Ese empuje la convirtió en capital de Australia hasta su traslado a Camberra, en 1927. Hoy es un mosaico étnico de todo el planeta. "En Melbourne viven ciudadanos de 233 procedencias que hablan 180 idiomas y dialectos, y practican 116 confesiones religiosas".

—En Melbourne tenemos la segunda población más grande de asiáticos en Australia, se destacan los vietnamitas, indios y srilankeses— dijo Alberto Galliani, un amigo peruano y gran anfitrión. Lo conocimos por sugerencia en Miami de mi cuñado Víctor Santos.

Galliani llegó a Melbourne hace 45 años desde París. "Me pagaron el pasaje para que me viniera a vivir aquí y he sido feliz", enfatizó.

Melbourne es elegida con frecuencia la mejor ciudad del mundo por la calidad de vida y los bajos niveles de pobreza.

Su arquitectura es de estilo victoriano, tiene edificios muy modernos y parques maravillosos.

Sus jardines se ven bien mantenidos y el servicio de transporte público es excelente, incluida la red de tranvías.

Una mañana desayunamos muy rico en un restaurante griego. El almuerzo fue en el barrio judío y la cena pasta italiana.

Melbourne es capital del deporte. Las autopistas me parecieron impecables. Realizamos un viaje de 200 kilómetros hasta "Los Doce Apóstoles", una reliquia turística al pie del océano.

El capitán James Cook, cuando exploró estas tierras, dijo que encontró la gente más feliz que había conocido.

Australia es un lugar para vivir, lástima que esté tan lejos.

2. Nueva Zelanda es naturaleza plena

De Sídney volamos a Nueva Zelanda. Aterrizamos en Auckland, en la parte superior de la isla del norte. "La ciudad de las velas", como la llaman, es la más grande y es el motor económico. Su población de un millón doscientos mil habitantes corresponde a un cuarto de la población del país.

Mi primera impresión fue ver la gran riqueza natural, belleza de paisajes, lagos, ríos, montañas y la diversidad cultural. Todo con el filtro de la pulcritud.

Nos alojamos en un apartamento reservado por Airbnb, de propiedad de Carol y Neil, una pareja de neozelandeses semiretirados y muy cordiales, como todos aquí. Después de ubicarnos en nuestro cuarto nos llevaron a conocer lugares turísticos de la ciudad.

Subimos en el auto hasta "Auckland Domain", un parque muy tradicional concurrido por turistas.

—Es suelo volcánico, como toda la ciudad, —dijo Carol— y por esa razón florecen jardines espectaculares.

La ciudad está rodeada de puertos, mares y bosques. El paisaje es azul y verde. Naturaleza plena y para disfrutarla. Se respira tranquilidad, la vida corre sin sobresaltos.

En la tarde fisgoneamos vitrinas en Queen Street, la vía principal y más movida de Auckland. Allí se localizan los restaurantes, tiendas y galerías. Tomamos el ascensor de cristal de la Sky Tower y gozamos de una vista espectacular de la ciudad, las montañas y el puerto, desde una altura de 220 metros. Te espero en mi oficina de la Universidad de Auckland —respondió la Dra. Waleska Pino-Ojeda, a quien llamé por teléfono un rato después de mi arribo al país. Es chilena, profesora y Directora del Centro de Estudios Latinoamericanos, a quien conocí en un encuentro de latinoamericanistas en Varsovia.

Llegamos a su oficina en la Universidad y respondió mis curiosidades sobre el estilo de vida en la isla:

—Una neozelandesa jamás sacrificará su carrera profesional por su matrimonio —dijo, y eso me llamó la atención. No aceptará segunda oportunidad a la infidelidad. Las mujeres aquí gozan de protección social del Estado. Las divorciadas, madres solteras y las que crían niños, no tienen problemas económicos.

La entrevista con Waleska fue de más de media hora, y en ese tiempo nos ofreció una verdadera cátedra sobre la sociedad, economía y relaciones internacionales de Nueva Zelanda, un país del que poco conocemos.

En el enorme puerto de Auckland llaman la atención los enormes veleros y yates sobre el Viaduct Harbor. Vimos una treintena de restaurantes y bares, con un fabuloso ambiente marino.

Abordamos una lancha y en 40 minutos estábamos en la isla de Waiheke.

Auténtica belleza natural con colinas y playas de arena blanca, colinas, chalets, viñedos y vida apacible. Caminamos y anduvimos sin rumbo atraídos por la riqueza de la naturaleza. Sentimos hambre y tuvimos que andar un largo trecho para dar con un sitio donde comer. En un vecindario se divisaba el letrero donde se leía: restaurant.

Entramos buscando algo de comer y ¡oh, sorpresa!, en la mesa a nuestro lado vi a una mujer con rasgos de raza autóctona neozelandesa y la saludé.

Fue nuestro encuentro con una aborigen maorí. Oriunda de Pukehoke y bisnieta de Kameta Te Thui, jefe maorí, de unas islas vecinas.

—Mi nombre Donna Maben —, dijo. Me habló de su etnia, de su vida en la isla y al final me dio su correo, y permitió que nos tomáramos unas fotos con la bandera neozelandesa, al fondo.

Nueva Zelanda o Zelandia. Estas son las islas adonde llegaron los maoríes hace mil años de Hawaiki, en la Polinesia y donde también desembarcó el holandés Abel Tasman en 1664.

Los neozelandeses son hospitalarios, relajados y amantes de la naturaleza. Es el quinto país con mejor calidad de vida y mayor seguridad en el mundo. "Donde a veces no hay nada que hacer", comentó una peruana que inmigró diez años atrás. Auckland tiene una enorme bahía en la que comienzan todas las historias.

Tres problemas laten en la sociedad: conflicto con los maoríes, drogadicción y violencia doméstica.

No podía dejar de probar el delicioso yogur, la leche, el queso y la popular mantequilla, productos de exportación afamados. Hay un dato curioso. En Nueva Zelanda hay 10 ovejas por cada habitante.

Sorprendente el silencio que se respira a las nueve de la noche. A esa hora todo está cerrado y la gente está guardada en su casa.

Son tan correctos los neozelandeses que fui testigo del siguiente caso que sucedió durante nuestra permanencia allí. Un vecino tocó la puerta de la casa en Auckland, para decirle a Carol y Neil que le presentaban excusas por los ladridos del perro la noche anterior. No he visto esta muestra de educación en ningún otro país.

En Nueva Zelanda la gente es amable, son solitarios y muy enamorados y protectores de la naturaleza y el paisaje de su país.

No hay corrupción. Los políticos son informales. Se sientan y comparten como los demás. Los neozelandeses ven en Australia a su hermano mayor.

En Auckland dejé a Carol y Neil, mis amigos neozelandeses. Me permitieron estar en su casa, compartir el café e ir juntos a comer en la calle. En esta parte de Austroasia la gente vive con mejor calidad de vida que el promedio de América Latina. Igual que en Europa.

III

ASIA, SUTIL Y ESPIRITUAL

1. En Bali las solteras van al infierno

El viaje de Nueva Zelanda a Bali fue de todo un día. Dejamos Oceanía para entrar a la caleidoscópica Asia insular. Tuvimos que hacer varias conexiones y sobrevolar el archipiélago con más islas del mundo. El primer trayecto en el vuelo MH-139, de Malassian Airlines, partió de Auckland, a las 8:00 a.m. Diez horas después aterrizamos en Kuala Lumpur. De Kuala Lumpur despegamos en la tarde rumbo al aeropuerto Ngurah Ral de Denpasar, al sur de Bali. Llegamos a las tres horas de vuelo, ya de noche.

La casa donde nos alojamos en Denpasar estaba ubicada a la orilla de la playa Kuta, el principal destino de Indonesia. Lugar número uno para surfistas y sitio para ver templos emergiendo del mar. El ambiente fiestero, las compras y las playas la han convertido en atracción turística mundial.

En la madrugada nos despertó un concierto de canto de gallos y pájaros. Me levanté, el cuarto era en un segundo piso, era una casa grande y solo estábamos mi mujer y yo. La habíamos alquilado por Airbnb.

Me emocionó la sensación de ver que los patios del vecindario y el verde de las montañas de una isla de Asia entraban por la ventana. Respiré una agradable sensación de campo.

Con la luz del día me di cuenta de que estábamos alojados, por menos de cien dólares diarios, en un lujoso chalet en medio de vegetación y árboles frutales. La nuestra era la casa más ostentosa del sector.

La primera tarea fue conseguir dinero local. No tuvimos que caminar mucho. A dos calles encontramos una casa de cambio. Por cien dólares nos dieron un millón doscientas setenta rupias.

Encontramos un restaurante sencillo para el primer golpe alimenticio del día. El desayuno, abundante, consistió en arroz, habichuelas, carne y pan. Esta es la costumbre. Ese primer día fue cálido y soleado.

Kuta está superpoblado de casas, negocios, agencias de turismo y equipos de alquiler para deportes náuticos. Sobre la avenida de la playa están ubicados la mayoría de los hoteles, clubes nocturnos, restaurantes, bares, almacenes de artesanías y discotecas. El ambiente es de carnaval a todas las horas. Turistas de paseo y muchachos locales ofrecen tours a los templos, a los museos y recorridos a pie o en bicicleta.

—En Kuta tenemos las mejores playas de Bali—, nos dijo el hombre que nos alquiló la casa. Son ocho kilómetros de arena blanca y limpia. La playa es un imán que atrae a bañistas.

Contratamos un *"tour"* de dos días para visitar los templos de Ubud, en el centro de la isla y Tanah Lot en el litoral. Además para dar una vuelta por las tiendas de artesanías y artículos de seda. Ya sabíamos que Indonesia es el país con la mayor población musulmana del mundo. Cerca del 88% de los 235 millones de indonesios son musulmanes. Bali es una excepción, aquí el hinduismo es mayoritario. Llegó desde India y lo trajeron los comerciantes. En el siglo XVI empezó a llegar a Bali la nobleza real hindú, sacerdotes, intelectuales y artesanos. Con ellos nació la edad de oro balinesa. Este es el motivo para que tengan una serie de tradiciones y ritos en su vida personal.

Kirno es el nombre del guía que nos asignaron.

Desde que lo vi me causó curiosidad. Vestía faldas, llamadas "sarong" y siempre usaba chancletas. Después me indicaron que eran costumbres y lo hacían por comodidad. Hasta la policía usa faldas.

Kirno resultó ser un guía extraordinario, simpático y de buen humor estaba bien informado y hablaba español, aunque con acento indonesio, digo así por darle cualquier calificativo. Su pronunciación era muy divertida pero se explicaba bien.

Una de las afirmaciones que nunca olvidaré por lo extraña, pero que expresa el pensamiento de su cultura religiosa fue la siguiente:

—En Bali las solteras van al infierno, donde unas hormigas gigantes les chupan los senos—expresó Kirno, serio, con su pañoleta de azul y blanco, amarrada a la cabeza. Nunca se quitó su pañoleta.

Esta es una cultura con costumbres *"sui generis"*, y de acuerdo a lo que nos enseñó Kirno, un estilo de vida sin paralelos.

En Indonesia todos quieren casarse, dijo. Tienen ciertos tabúes que me causaron curiosidad. Por ejemplo, un hombre nunca en la vida le toca la cabeza a otro; excepto el peluquero. Antes de cortarle el cabello le pide perdón y permiso. Otra cosa, las mujeres no heredan. El hijo menor tiene que quedarse en la casa con los padres, aunque contraiga matrimonio. Cada familia tiene su propio templo. Un dólar americano equivale a 12.700 rupias. El salario mínimo es de 180 dólares americanos.

"Babiguling", es un plato a base de cerdo, una de las delicias regionales. Los indonesios comen mucho arroz. Nunca comen juntos. Solamente comen en grupo una vez al año, en una fiesta. No tienen apellido. Es obligación crear cosas bellas de forma colectiva.

"Soy Kirno, no más", reiteró. Tenía una sonrisa en todo momento. No estoy seguro de si aquí vi más motos que en mi pueblo, Lorica, en Colombia, pero acá son más ordenados.

Kuta es el Miami Beach de Bali. Reina el relajamiento y la armonía. Nada de afanes ni preocupación. La gente es parsimoniosa, se toma su tiempo para hacer las cosas.

Los australianos son los más asiduos visitantes de esta isla. Siguen los chinos y los filipinos. Les gusta tomar *bintang*, la cerveza nacional.

Un chino es el hombre más rico de Indonesia. Los chinos son dueños de fábricas de autos, motos, televisores, etc.

En algunos patios de Kuta se escucha cantar a los gallos al amanecer. Los tienen para peleas rituales en los templos, señaló Kirno.

El 80 por ciento de la población de Bali es hinduísta. Todos los días, desde el amanecer, colocan pequeñas ofrendas de flores y frutas. Las ofrendas se ven en escritorios, en altares improvisados, en los portales de las casas, en los andenes o en las esquinas. Este es un ritual muy importante en la vida balinesa y a ello dedican parte de sus escasos ingresos.

El tamaño de las ofrendas depende del nivel económico de quien la ofrece.

La estructura social se cataloga por castas. Todos saben a qué casta pertenece. A quien expulsan de su casta, queda marginado.

Bali es un pueblo que acoge al visitante. Entre más conocí su forma de vida, más me asombró. Me causó interés por descubrirla. Uno de los paisajes que más me enamoró fue ver los campos de arroz cultivados próximos a los volcanes. Bali es una joya que me encantaría recorrer pueblo por pueblo.

2. Camboya es una aventura

De Denpasar, en Bali, salimos para Vietnam con escala de seis horas en Kuala Lumpur. El aeropuerto de Kuala Lumpur está dotado de uno de los más completos clubes VIP de pasajeros. Posee áreas con camas para dormir, servicio de masajistas y spa. El menú es extenso, con comidas frías y calientes, para comodidad del viajero.

De Kuala Lumpur seguimos a Ho Chi Minh, en Vietnam.

Hago una pausa aquí, amigo lector, para compartirte uno de los métodos que suelo utilizar en la etapa de planificación de mis viajes. Acudí a este procedimiento justo para organizar esta travesía por el sudeste asiático.

Una mañana, unos meses atrás, decidiendo el tránsito por los países que íbamos a visitar, yo tenía la taza de café en la mano. En la mesa tenía el mapamundi, el teléfono con la lista de contactos, un papel con anotaciones y las ideas sobrevolando a mi alrededor. Experimentábamos uno de los momentos más emocionantes. Lo aconseja el poeta griego Constantino Kavafis en "Ítaca": el viaje es más importante que la meta. "Ten siempre a Ítaca en la mente./ Llegar ahí es tu destino./ Más nunca apresures el viaje".

Nosotros ya estábamos disfrutando del viaje, sin salir de la casa. Solo pensándolo, imaginándolo, programándolo. De tal modo que estábamos decidiendo las giras por el sudeste asiático. Unos trayectos del viaje global lo podíamos pagar con millas acumuladas de las tarjetas de crédito. Otros requerían de compra inmediata.

En esta etapa de la planificación tengo una costumbre, leer todo lo que tengo al alcance: libros, para saber un poco de historia, situación política y economía del lugar. También miro revistas, apuntes, periódicos y acudo a los comentarios en internet. Luego me comunico con amigos que viven en esos países o en la región. Me asesoran respecto a personajes que vale la pena conocer para entrevistar, sitios, atractivos turísticos, transportes, clima, hoteles, etc.

—Llámate a Yumar Castro, en Vietnam—, me recomendó el artista colombiano Pablo Posada Pernikof. Hace unos años decidió cerrar el apartamento en Tokio. Metió muebles y pertenencias en un depósito y desde entonces es uno de los pocos seres humanos de este planeta que no tiene país fijo de residencia. Vive viajando alrededor del mundo. Fabrica esculturas en vidrio y las vende en su peregrinaje por el mundo. Pablo es uno de los amigos que mejor domina la geografía de Asia. A propósito, a Pablo lo conocí en Milán. En el apartamento del profesor de literatura de la Universidad de Bérgamo, Fabio Rodríguez, el año que el pintor Fernando Botero hizo una exposición en la Piazza de la Signoria, en Florencia. Mientras la restauradora de arte, Alejandra Matiz, me conseguía la entrevista con el reconocido pintor de Medellín, me dediqué a entrevistar latinoamericanos en Milán. Desde entonces esa amistad con Pablo se ha fortalecido. Se ha dado el caso que en más de una ocasión, por nuestra condición de trotamundos, nos topamos en una que otra ciudad, en las esquinas del planeta. Nos une la pasión de la aventura.

—Es venezolana, es mi amiga—, me dijo.

No podía ser mejor la sugerencia. Yumar Castro no solo se mueve como pez en el agua en Vietnam. También en otras naciones del sudeste asiático. Es un ser humano cinco estrellas. Su marido, Raúl Castro, es un banquero mexicano. Por motivos de trabajo han residido largos años en el oriente: Japón, Singapur y Tailandia.

De modo que Yumar no solo me ayudó a organizar el itinerario que faltaba. Me dijo: "si vienes a Vietnam debes pasar a Camboya, y si necesitas puedes dejar las maletas en mi casa, en Ho Chi Minh. Sigues a Camboya, con equipaje liviano". Es decir, Yumar me cayó del cielo. Además nos presentó a otras amigas venezolanas y colombianas establecidas en esa ciudad vietnamita. Atendimos su insinuación. Nos fuimos solo con una maleta de mano y el morral.

Aterrizamos al medio día en la antigua Saigón. Almorzamos en casa de Yumar y en la noche continuamos el viaje al aeropuerto internacional de Tan Son Nhat de Camboya. Al día siguiente de nuestra llegada, madrugamos, como nos había indicado Daniel Souteyrant Rith, el promotor español de turismo dueño de la agencia "Threenagatours", en Camboya. Nos fuimos para ver el amanecer en Siam Reap, con miles de turistas. Pasamos el día en la ciudad sagrada de Angkor con un guía que nuestro amigo Daniel nos asignó.

Camboya es una aventura cultural maravillosa. Los templos de Angkor, son uno de los tesoros arqueológicos más preciosos del mundo. Datan del año 1112. Son de una imponente belleza.

La gente es trabajadora y el costo de vida es muy barato. De la guerra queda el dolor, familias incompletas y un museo con restos humanos para no repetir los millones de muertes.

Para mis desplazamientos turísticos por la ciudad y los pueblitos, hice lo mismo que practican muchos turistas. Utilicé de taxi los famosos *tuk tuk*. Son unos vehículos de transporte autóctonos con chofer, muy baratos. El valor del pasaje es de un dólar, en promedio. Los locales se desplazan comúnmente en bicicleta. La actividad turística es enorme. Los atardeceres también son tan bellos que hay que tener siempre cámara en mano.

Los camboyanos son de baja estatura pero tienen la capacidad de trabajo de un gigante. Las mujeres son laboriosas y excelentes comerciantes. Los camboyanos viven del turismo y de sembrar arroz. El 90 por ciento del territorio está cultivado. Los campos son inmensas extensiones de color verde. En el frente de cada casa hay un oratorio en forma de pagoda adornada con flores. Los letreros están escritos en sánscrito. La mayoría de la gente con quien traté habla inglés.

La moneda es el real. Un dólar americano equivale a 4000 reales. En todas partes reciben dólares. La bicicleta es el medio de transporte para mujeres y es utilizada por los niños para ir a la escuela. También la emplean los hombres para llegar al trabajo. Nunca sentí temor. Camboya es un país seguro. Uno de los más baratos que he conocido.

3. En Vietnam la mujer es quien manda

De la capital camboyana viajamos a Hanoi en un vuelo de dos horas.

Al caer la noche ya nos habíamos instalado en el "50 Hanoi Boutique Hotel". Ubicado en el 7 Ngo Gach Street, es un área histórica y de mucha vida, donde hace mil años se fundó la ciudad.

Salí a la puerta del hotel después del desayuno, esa primera mañana que llegué a Vietnam y observé el cielo. Vi la actividad en la calle y presentí que este país me proporcionaría materia prima para una formidable aventura. Así fue. Con las horas confirmé que era un destino pintoresco y bullicioso. Gente amable y un lugar de extraordinarias bellezas naturales.

Hasta el desorden y los entramados de los cables de la energía en las esquinas enriquecen el paisaje.

Vietnam es un bazar de sonrisas que atrapa al viajero.

—En Vietnam la mujer es la que decide—, nos dijo Rocío Romero. Es una venezolana que se dedica a escribir y comentar de automovilismo desde Vietnam. La mujer vietnamita manda no solo en la casa, sino que la mayoría de los empleos están en sus manos, añadió nuestra amiga venezolana.

Rocío me compartió esta experiencia:

—Estaban siete hombres en una mesa y la única mujer era yo. El camarero vino hacia mí, para consultarme si podíamos cambiarnos de mesa. No le interesó la opinión de los siete hombres, sino mi decisión. Solo necesitaba mi opinión, enfatizó.

—Bueno pero esto ocurre en Vietnam y te parece novedoso, pero también sucede en nuestros países, le dije. Claro era para ponerle humor al momento. Efectivamente el feminismo es una tradición cultural muy fuerte de Vietnam.

Hanoi, la capital de Vietnam, se encuentra ubicada a orillas del Río Rojo. La ciudad aloja a tres millones de habitantes. Debido a la expansión de su área metropolitana, llegan a seis millones.

El viajero puede ver en esta zona el transcurrir del tiempo. Los artesanos y comerciantes se establecieron por sectores organizando un micromundo comercial.

—Lo curioso es que el nombre de cada calle se deriva de la singular actividad económica a la que se han dedicado durante siglos, —dijo el guía.

Esta explicación resume su nomenclatura:

Chan Cam, es la Calle de los instrumentos musicales. Cha ca, Calle del pescado asado. Cho Gao, Calle del arroz. Hai Tuong, de las sandalias. Hang Chinh, de las jarras. Hang Hom, de las cajas. Hang Bac, de los joyeros. Hang Non, de los sombreros. Hang Vai, de las telas.

Hay un total de 57 calles originales. Hoy concentran bullicio, tránsito de motocicletas y tenderetes callejeros, restaurantes, bares y un comercio tan activo que da la impresión que la milenaria ciudad jamás descansa.

En las calles se ve de todo. El barrio es un inmenso bazar con mercancías expuestas hasta en las aceras.

"Muchos propietarios alquilan el primer piso para tiendas y se van a vivir en el interior de la casa", precisó Van Cun, dueño de un bar en la esquina de la avenida, donde se congregan los amantes de la cerveza de barril. Cun asegura que Hanoi siempre ha sido un imán para empresarios y comerciantes que llegan de otras provincias.

La península de Indochina —que incluye a Camboya, Vietnam, Laos, Birmania y Tailandia—, hasta mediados del siglo XX fue un destino militar. La región se encontraba involucrada en las luchas contra el colonialismo francés, contra la ocupación americana durante la guerra de Vietnam. Ahora, como destino turístico, se convirtió en una región fascinante. Rica en joyas arqueológicas, bellezas naturales y en leyendas de la guerra.

—Si quieres disfrutar el espíritu de Hanoi debes regalarte un paseo alrededor del Lago Hoan Kiem, nos aconsejaron unos amigos. De verdad es un lugar donde se disfruta de la serenidad de sus jardines bajo la sombra de frondosos árboles.

A dos pasos del Cho Dong Xuan, el enorme mercado cubierto más popular de Hanoi, construido por los franceses en 1889, especializado en textiles, tuve una de las inolvidables experiencias que denotan la sencillez del pueblo vietnamita.

A la hora del almuerzo además de los restaurantes, muchos comercios alistan las mesas sobre las aceras y se juntan para comer. A la entrada de un edificio al pie de la puerta de un negocio de manicuristas me acerqué por curiosidad. Deseaba ver los platos de comida que se disponían a comer. La respuesta no pudo ser más amable. No sólo se mostraron encantados ante mi interés. Destaparon las ollas de alimentos y nos dieron bancos para sentarnos. Nos invitaron a comer y no hubo barreras por el idioma. Yo no desperdicié la oportunidad. Vi ahí una gran ocasión de acercarme a su cultura a través de la gastronomía.

Nos dieron una taza de la popular sopa de verduras y fideos de arroz con carne. Se conoce como Pho. Es una de las cinco mejores comidas callejeras del mundo.

En total éramos como diez comensales alrededor de una mesa bajita. Se unieron amigos de ellos de unos negocios vecinos. Nos compartieron arroz de una olla grande y nos enseñaron la técnica para usar los palillos. El arroz es la base de la alimentación de japoneses, chinos, coreanos y tailandeses.

En Hanoi tomamos un avión y volvimos a Ho Chi Minh.

Ho Chi Minh, antigua Saigón, es conocida por su papel durante la Guerra de Vietnam y por su herencia francesa. En 1857 los franceses trataron de reproducir Francia en Vietnam. Trajeron al trópico asiático la comida, arte, arquitectura y costumbres. En 1887 pasó a dominio francés y se llamó la conchinchina francesa, junto con Laos y Camboya. Ya desde la guerra del opio en 1856-1860, Francia sacó ventajas por las tensiones territoriales entre China y Vietnam.

La papa, los espárragos y el café, llevados por los franceses a Vietnam, son parte del intercambio cultural entre los dos países.

Vietnam actualmente es el segundo productor de café del mundo, luego de desplazar a Colombia. Colombia ahora es el tercer productor de café. Brasil sigue siendo el número uno en exportación.

Por su belleza y majestuosidad, Ho Chi Minh fue conocida como "La Perla del Lejano Oriente" y "El Paris de Oriente".

Mucho tiempo después tras la caída de Saigón en 1975, como colofón del final de la guerra y el triunfo del norte comunista, la ciudad fue rebautizada como Ho Chi Minh en homenaje al líder de la revolución. Saigón es un nombre que sigue siendo utilizado a diario.

Aún se pueden ver en algunos sectores de esta ciudad, huellas de los estragos causados por los bombardeos y ataques durante la Guerra de Vietnam.

Esta es una enorme urbe de grandes avenidas, parques y antiguas edificaciones. Es una especie de muestrario arquitectónico de su esplendoroso pasado colonial afrancesado.

En pleno corazón de la ciudad encontramos un imponente ícono histórico y emblemático. Ni más ni menos que el Palacio de la Reunificación. Antigua sede de Gobierno del Presidente de Vietnam del Sur.

El 30 de abril de 1975 los ojos del mundo estuvieron puestos en este lugar. Allí se encontraba el gobernante de la contraparte en la guerra.

Las tropas comunistas asediaban la ciudad. Las puertas principales del Palacio fueron derribadas por un tanque. La bandera del Vietcong fue izada en lo alto del Palacio.

Los cables internacionales anunciaron la caída de Saigón a manos de los comunistas norvietnamitas.

El tour por el palacio presidencial me dejó ver tesoros históricos intactos.

Me llamó la atención la dimensión del salón de recepciones para los diplomáticos extranjeros. También pude caminar por el despacho presidencial y apreciar un enorme refugio. Es el sótano blindado con anchos muros de hormigón, encapsulado en planchas de acero. Se destacan los equipos de comunicaciones de los años setenta. A la vista la cocina, un jeep, y un catre que estaban a la disposición del presidente. Al lado, un pequeño despacho con un escritorio. Pude ver en la pared sobre un mapa, con marcas en colores, la ubicación y número de soldados en acción. Tal cual como en tiempos de guerra. Al final se podía ver una puerta de salida para escapar en caso de necesidad.

Ho Chi Minh es una metrópoli económica que alberga más de 300.000 empresas de tecnología. Es la ciudad más poblada de Vietnam con ocho millones de habitantes. Seis millones de motocicletas, por lo que la llaman "Capital Mundial de motocicletas".

La gran cantidad de motos y el ronroneo del ruido que estas producen es otra de las cosas que impactan al turista que va a Hanoi. En estos aparatos que circulan por el centro y los suburbios de la ciudad, se movilizan hombres y mujeres de todas las edades y oficios. Asombra ver en los semáforos de las esquinas miles y miles de motocicletas. A lo largo y ancho de las calles y avenidas. Cruzar la calle es una preocupación.

—No es para alarmarse—, me aconsejaron.

—La clave para cruzar la calle reside en caminar, sin correr —me recomendó un amigo latinoamericano a quien conocí en una tienda.

—Haga de cuenta que no hay motos—, dijo. Las motos y los vehículos esquivan al transeúnte. Después de hacerlo la primera vez, adquirí confianza y no hubo problema. La verdad es que durante mi estadía de una semana en Vietnam, nunca vi que atropellaran a alguien ni observé un accidente de motos. Tampoco de automóvil.

A 30 kilómetros de Ho Chi Minh visité los Túneles de Cu Chi. Se han convertido en una popular atracción turística. El visitante puede vivir de primera mano la experiencia de ver los túneles utilizados durante la guerra.

Los amantes de la playa y el mar pueden tomar una excursión de una hora en ferry hasta Vung Tau. Saborear exquisitos mariscos preparados al estilo local. Vietnam es un paraíso gastronómico con precios muy cómodos.

—No se pierdan Hoi An— aconsejó mi amiga Yumar Castro. Se conoce todos los recovecos del sudeste asiático.

En efecto, compramos tiquete de avión. Fuimos y quedamos prendados de este enclave turístico. Su centro histórico y los canales. Hoi An es un lindo pueblito de 88.000 habitantes. Está ubicado en el centro de Vietnam en la costa del mar de China, junto a la desembocadura del río Thu Bon. Su interés turístico ha crecido por muchas razones. Ha sido puerto pesquero y de comerciantes desde los siglos XVI y XVII. Inmigrantes japoneses, chinos y franceses, han hecho aportes culturales. El puente cubierto Japonés del siglo XVI, hecho en madera unió el barrio chino con el japonés, es uno de los sitios más concurridos. Hoi An es, además, la villa de la seda. Algunos viajeros ordenan la confección de trajes y vestidos a la medida a buen precio. (Escogí la tela y el corte a las 11 de la mañana. A las 7 de la noche me tenían lista una sonrisa y una chaqueta por un valor de setenta dólares).

Vietnam es una República Socialista parlamentaria, con economía de mercado libre. Dejó atrás la sangrienta guerra y hoy es un destino turístico mundial.

Del año 2000 al 2017 el número de turistas extranjeros pasó de 2.1 millones a 13 millones. Los turistas nacionales pasaron de 11 a 40 millones.

El logotipo turístico es una flor de loto. Brota de la palabra "Vietnam".

La bahía de Halong es otro destino maravilloso. Debido a su belleza es considerada una de las 7 maravillas del mundo moderno. La ciudad de Nha Trang, Sapa, es la ciudad de las montañas. Tan Coc es el paraje de las rocas y los arrozales. Son otros escenarios maravillosos de este paraíso del sudeste asiático.

Vietnam tiene 3.444 kilómetros de línea de costa. Sus mares son de aguas cristalinas, con puertos, islas y playas paradisíacas. Algunas en estado primitivo y muy afamadas en Asia.

Es el segundo exportador mundial de arroz.

Es igualmente el tercer país con mayor crecimiento de Asia. 93 millones de habitantes, 60% menores de 30 años.

—En menos de 10 años Vietnam será una pequeña China—, aseguró el banquero Raúl Castro, esposo de Yumar. Tiene cinco años de experiencias trabajando en Ho Chi Minh.

—El sueño de una vietnamita es ser blanca, nada de caderas ni nalgas. Tener ojos redondos y grandes— fue otra de las observaciones que nos hizo Yumar, la "biblia" y conocedora de las tendencias y la vida vietnamita.

4. A China no se viene a lavar platos

Noche de viernes en el Bar Laffa, de Shenzhen, centro económico —Zona Económica Especial— de la provincia de Guandong. Es la equivalente al estado de Florida, Estados Unidos. Está ubicada en la costa este de Asia y a la misma altura de Florida, al sur del país.

Compartíamos en una fiesta amenizada por una orquesta integrada por músicos colombianos. Asistían acompañados de sus esposas. También asistían jóvenes empresarios y ejecutivos de México, Honduras, Brasil, Argentina y había kenianos, rusos, estadounidenses, indios, ingleses, alemanes y franceses que disfrutaban en armonía la rumba latina, la cual se ha expandido a unas cinco localidades en la ciudad.

"Esto es lo que era Estados Unidos en los cincuentas para los latinoamericanos", dijo Ernesto Tovar, colombiano quien lleva doce años en China, donde estableció su firma "Gambegroup.com".

—Todos somos empresarios, la inmigración a este país es distinta —agregó Tovar, ex productor en FIFA WORLD CUP 2002 y 2006.

—El que emigra a China tiene perfil empresarial, de ejecutivo, artista e inversionista—, aseguró. "Vienen para seguir con sus profesiones a altos niveles", opinó.

De acuerdo con este empresario colombiano "Asia no es un país para venir a pintar paredes, a lavar platos o a trabajos menores porque no se puede competir con la mano de obra barata local", es invertido a los Estados Unidos, donde en China el local es quien hace los trabajos básicos y están al servicio del inmigrante.

Hace 40 años, Shenzhen, la ciudad donde estamos pasando estos días, era un pueblo de pescadores al frente de Hong Kong.

Hoy es una metrópoli de edificios gigantescos como Manhattan, área que cabe dentro de Shenzhen cinco veces.

Con trenes de alta velocidad y autopistas super modernas, el líder chino Deng Xiao Ping quiso crear un nuevo Hong Kong en este lado del país. Tuvo la visión de una China poderosa y quería hacer una ciudad donde el ciudadano chino se sintiera incentivado a regresar a vivir a China con el ambiente de Occidente. Por ello además de lo futurista de la ciudad, este visionario creó zonas específicas llamadas OCTs "Overseas chineses Town".

Hoy Shenzhen es la ciudad más joven de China, y al mismo tiempo la más gigantesca fábrica de electrónica del mundo.

Durante mi visita a esta región de China pude comer, pasear, hacer compras, viajar en tren a la capital de la provincia, montar en taxi eléctrico siendo la primera ciudad hace cinco años en crear sus flotillas con esta nueva tecnología.

Una mañana pude pasear en bicicleta por el malecón, del mar donde separa Shenzhen de Hong Kong, en el vecindario donde Ernesto —nuestro anfitrión— tiene su apartamento.

—Cómo me comuniqué con los taxistas chinos, si ellos no hablan español ni inglés, y yo no sé chino, —se preguntará usted.

—Fácil. Ernesto me dio un llavero de tarjetas con letreros en español y chino para mostrarle y orientar al taxista. Las tarjetas tienen el nombre de los centros comerciales, lugares importantes, restaurantes y la dirección del apartamento de Ernesto, en los dos idiomas. Fueron nuestra salvación, y el mejor invento para pasear por este país que asombra todos los días por su crecimiento descomunal tan apabullante. Además hoy día se usa el sistema de mensajería instantánea Wechat. Tiene todos los mapas, traductor y hasta permite pagar digitalmente el taxi o cualquier compra realizada en la ciudad.

El hierro y cemento utilizado en la costa de China en los últimos 15 años equivalen a lo empleado por USA en los últimos 50 años.

Según nos explicó nuestro anfitrión: Deng Xia Ping declaró que quería hacer otro Hong Kong en Shenzhen y hoy la región es una de las de mayor crecimiento del mundo.

El río de las Perlas, el tercero más largo de este país —después del Yantsé y el Amarillo—, une ciudades importantes en su trayecto y desemboca, aquí cerca, en el Mar de la China Meridional, entre Hong Kong y Macao.

Guangzhou, capital provincial, una de las más antiguas de China y Shenzhen, la más joven, lideran la zona en conjunto con Dongguang, Foshan y Zhuhai.

Christian Umaña es un hondureño que hizo sus primeros viajes a Asia hace dieciocho años. Lo conocí en esta gira y hoy tiene su propia productora de celulares para las Américas, Europa y África, el nuevo sueño americano está en China.

Actualmente China concentra su industria en alta tecnología y apuesta a que las fábricas de productos de media y baja gama se expandan.

Saldrían de China al sureste asiático y contribuirán al crecimiento de economías pujantes como Tailandia, Indonesia, Filipinas, Camboya, Malasia y la economía que está de moda: Vietnam.

—Eso es correcto, para el otoño del 2019, tengo programada la inauguración de mis nuevas oficinas en Vietnam—, declaró el empresario Ernesto Tovar.

5. Hong Honk, el Nueva York de Asia

El principal problema que tuvo que resolver la colombo alemana Olga Lucía Valderrama-Schiffers cuando llegó a vivir a Hong Kong, fue que sus muebles no le entraron al apartamento.

Ella estaba muy ilusionada de disfrutar en su nueva vivienda de "La Perla de Oriente", del sofá, butacas y mesas, adquiridas en Indonesia y Estados Unidos.

—De Nueva York donde residió un tiempo los envió a su apartamento de Heidelberg. De Alemania se mudó con su familia y enfrentó la realidad del destino turístico más popular del mundo: en Hong Kong los apartamentos son muy pequeños.

—Me tocó vender un sofá que compré en Bali y yo quería mucho—, lamentó.

Hoy, diecisiete años después, Olga Lucía está felizmente adaptada a la vida cosmopolita de Discovery Bay, una isla exclusiva de Hong Kong, donde tiene su apartamento. Nos citamos, ahí cerca, en el restaurante tailandés "Koh Tomyums", para comer y conversar, frente a la playa de Lantau, muy cerca al aeropuerto de Hong Kong.

Lo primero que me sorprendió al visitar una de las 264 islas que conforman Hong Kong, fue la extraordinaria concentración de 300 rascacielos de oficinas y de apartamentos, en tan poco espacio, —más que Nueva York—; la intensidad del movimiento comercial; la belleza de Victoria Peak, donde la vista me alcanzó para contar unas 12 veces el área de Manhattan; los hoteles tan caros; el híbrido cultural de lo oriental y lo británico en los transportes; los negocios; la comida; el idioma; las costumbres. Todo impresiona por lo maravilloso y vibrante. Victoria Harbor, famoso por ser uno de los lugares urbanos más bellos del planeta; el tráfico de la bahía y el colorido de las embarcaciones; el estilo e innovación arquitectónica de los edificios; las multitudes y diversidad étnica en las calles; las mejores tiendas de marca de Asia. Los chinos hacen cola para entrar a comprar bolsos de tres mil dólares, como si acudieran a una panadería que ofrece pan recién horneado, y a los mejores almacenes para comprar relojes, joyas, electrónica y cosmética.

Hong Kong está a la vanguardia de muchos asuntos. Mantiene relaciones comerciales directas con más de 200 regiones del planeta. Es el cuarto (después de Londres, Nueva York y Singapur) centro financiero mundial. Tiene varios bancos por kilómetro cuadrado. Centro para empleo de marinos. Posee una flota de 600 embarcaciones y 1.200 oficiales y marineros. Es el cuarto puerto más grande del mundo, luego que Shenzhen le quitara el tercer lugar recientemente. Es una de las dos "regiones administrativas especiales" de China. Se puede hablar de las tres, porque ellos siempre incluyen a Taiwán como territorio especial de China.

Su modelo se denomina "un país, dos sistemas", debido a que mantiene el sistema económico capitalista. En el 2018 completó 25 años seguidos en la primera posición del Índice de Libertad Económica. Sus restaurantes han ganado fama por la categoría de los chefs. El Consejo de Turismo está empeñado en seguir con su campaña: "Lo mejor de todo, está en Hong Kong". Han logrado convertirse en un destino turístico de primer nivel y de clase mundial. El Hong Kong dólar es la moneda oficial. En las casas de cambio y bancos dan 7.8 dólares de Hong Kong por un dólar de Estados Unidos.

Las experiencias que Olga Lucía Valderrama-Schiaffers ha enfrentado, nos dan una idea de cómo se desarrolla la vida en este emporio —la ciudad más cara del mundo— donde el ingreso per cápita es de $46.000.oo dólares, y donde existe un carro de lujo en cada metro cuadrado.

Al llegar a Hong Kong, Olga Lucia se afilió a la Asociación de Mujeres Americanas y ahí "se me abrieron puertas y conocí mucha gente". "Tomé clases de cocina, caligrafía y fui a Shenzhen de compras".

Hoy todo está cambiando, las cosas se están complicando.

—Discovery Bay, donde yo vivo, cada día está más poblado de chinos llegados de China Continental, —explica Olga Lucía. Esta es una zona residencial exclusiva, estilo resort.

Casas con jardín, canchas de golf, puerto deportivo con 260 muelles, escuelas internacionales, centros comerciales, y la primera playa privada construida por el hombre en Hong Kong.

Según el censo del 2016, en este barrio éramos unos 21.000 residentes, la mayor parte expatriados, y el resto chinos. (Olga menciona chinos y precisa que se refiere a los que vienen de la zona continental. Los expatriados —como ella— son los inmigrantes de Europa, América, África y el resto del mundo).

"Actualmente los chinos son mayoría en Discovery Bay. Vienen con dinero, todo lo compran y nos cuesta trabajo aceptarlos", dice Olga. "Los chinos son rudos y las costumbres chocan con las de nosotros". "Por ejemplo a mi ex marido le molestaba tenerlos al lado, porque al comer, los chinos hacen mucho ruido". "No respetan la línea, se cuelan".

A Maria Teresa Valderrama, mamá de Olga Lucía, que estuvo de visita en Hong Kong, le llamó la atención la disciplina de trabajo de hombres y mujeres.

—Pero me asombró ver que la gente de edad avanzada no descansa, sigue trabajando, según afirmó, debido a que los planes de salud son muy costosos.

El sistema educativo de Hong Kong se asemeja más al del Reino Unido que al chino por la influencia británica en la época colonial. La educación de Hong Kong está en el ranking entre las cuatro mejores del mundo.

Olga Lucía se dedica a asesorar a familias de inmigrantes y les ayuda a buscar colegios en Hong Kong.

Según ella, las principales opciones de colegios con el currículum británico son Kellett, Harrow y Nord Anglia. Los interesados en el currículo Americano escogen al HKIS, Hong Kong International School, y el (IB) Internacional Baccalauréat, para los que desean el pénsum internacional.

Los costos de la educación oscilan entre 100.000 y 220.000 dólares de Hong Kong al año, más bonos que la familia debe pagar al colegio. Estos bonos oscilan entre 100.000 y 600.000 dólares hongkonenses.

—La mayor cantidad de niños de Kong Kong son fruto de matrimonios interculturales entre parejas: británico-chino, francés-koreano, chino-alemán, tailandés-suizo, alemán-koreano, japonés-suizo, indio-alemán.

La educación en Hong Kong es muy competitiva y por ello los muchachos chinos son muy competitivos. Los papás los hacen estudiar mucho.

Olga Lucía asegura que su hijo Philipp, de padre alemán, por estar expuesto a tantas culturas, ha crecido con una mente abierta, aceptando distintos modos de pensar y mezcla de comidas. Es muy flexible y disciplinado.

Miles de trabajadoras domésticas asiáticas se toman los domingos, las plazas, jardines, escaleras de grandes edificios y espacios públicos de Hong Kong presentando un espectáculo único. Ese día sonríen.

Para entender el fenómeno digamos que de los 2.9 millones de inmigrantes 84% proceden de China, 4.9% de Indonesia y 4.3% de Filipinas. Y el 60% de los inmigrantes son mujeres.

Estas asiáticas —de Indonesia, Filipinas y Tailandia— trabajan de empleadas del servicio doméstico en las casas de familias de Hong Kong. El domingo, en su día libre, se reúnen para comer, charlar, rezar, pintarse las uñas, cantar y compartir momentos entre ellas solas, sin el estrés del trabajo.

Esta particular inmigración nació en 1970. Hong Kong irrumpía como fábrica a nivel global —"Made in Hong Kong"— y Filipinas padecía una profunda crisis económica. Ante esa necesidad el gobierno facilitó la entrada de mujeres de Filipinas, creando visados de dos años, como asistentes de hogar. Luego llegaron mujeres de Indonesia y más tarde de Tailandia. Lo que ganan en Hong Kong equivale a una sustanciosa fortuna en sus países de origen.

—Son muy instruidas—, afirmó Olga Lucía. Devengan de 4.400 a 6.500 dólares de Hong Kong. Les gusta cuidar los niños, tienen fama de ser cariñosas. —Alguna le ha quitado el esposo a la señora—. Uno de mis mejores amigos se divorció y se volvió a casar con una filipina. También hay empleadas de India y Sri Lanka, son conocidas como "*fei yung*", que significa sirviente filipina.

En Hong Kong se encuentra comida de todos lados: china, koreana, japonesa, nepalí, europea, italiana, francesa, americana.

Olga Lucía dijo:

—Lo que más me gusta de aquí son las oportunidades de trabajo y de conocer gente de todas partes del mundo. Poder estar en la ciudad, en la playa y en media hora pasar a la montaña, estar en silencio y hacer hiking.

En Hong Kong se vive bien, sostiene Olga Lucía. Hay mucha riqueza. Uno queda aterrado al ver los autos en las calles: Rolls Royce, Lamborghini, Bugati, Ferrari, Porsche, Mercedes Benz.

La gente no puede mostrar su riqueza en apartamentos por la falta de espacio, entonces la muestra en carros, ropa y joyas.

Mientras viajé en el metro de esta megalópolis, entre Tsim Sha Tsui y Almiralty, a encontrarme con el arquitecto loriquero, diseñador de hoteles en Asia, José Olivares, me pregunté: ¿Por qué Miami no puede resolver su caos del transporte con un sistema de metro subterráneo como el de Hong Kong? Ambas ciudades son puertos muy importantes y las dos son las puertas de su región. Son dos ciudades con curiosas similitudes geográficas, políticas, comerciales y de subsuelos.

El metro es uno de los más eficientes y limpios que he conocido. Los hongkoneses cuidan su sistema de transporte y les resulta muy cómodo para desplazarse entre las islas. El metro es el único en el mundo que opera completamente con tranvías de dos niveles, en túneles submarinos.

Así descongestionan el tránsito —por ejemplo— entre la isla de Hong Kong y la península de Kowloon.

La alta ingeniería ha resuelto los grandes problemas. Construyeron el séptimo puente colgante más largo del mundo. Así mismo se disfruta del puente más largo del mundo sobre el agua recién inaugurado, conecta a la ciudad de Zhu Hai y Macao con el aeropuerto de Hong Kong.

Convirtieron su puerto de carga, con servicio, las veinticuatro horas, en el más eficiente y de mayor movimiento de contenedores.

Los siete millones y medio de habitantes se desplazan cómodamente, en buses y metro, sin congestión de vehículos.

El "Hong Kong Jockey Club" es el hipódromo más lujoso que he visitado. Tiene capacidad para 80.000 personas y durante su temporada de octubre a junio registra transacciones de 3.000 millones de dólares hongkoneses. Los aficionados disfrutan del más moderno hipódromo del mundo y la pantalla de alta definición más grande de las existentes. Posee el tamaño de un avión 747, en la que pueden caber 4.100 televisores de 21 pulgadas.

Hong Kong es para los chinos de su vecino comunista, lo que Miami para los cubanos de la isla. Con la diferencia de que los cubanos de la isla están comiéndose un cable y los chinos son los nuevos millonarios del mundo.

Diariamente llegan ciento cincuenta chinos de China continental a Hong Kong, debidamente documentados, reclamados por familiares. "Viven en estos apartamentos de 25 metros cuadrados", me indicó un amigo de los "New Territories", denominación del área adicional colindante con la frontera china.

No puedo terminar este recuento sin comentar mi admiración por la pericia de los choferes de los autobuses turísticos. Especialmente los que hacen la línea verde y recorren la ruta de Hong Kong, pasan por Aberdeen y llegan a Stanley. El reto es conducir ascendiendo y bajando las faldas de la montaña por una vía extraordinariamente estrecha, sinuosa y peligrosa, por la que transitan otros autobuses de dos pisos, en sentido contrario. Hay lugares en los que tienen que detenerse y hacer malabarismo automotor para poder pasar en esos nudos de espacios tan reducidos. Ellos lo hacen con soltura y la destreza que dan los años y la buena experiencia.

Fui a Stanley, un lujoso vecindario de ocio y playas. Popular mercado de sedas y mercancías a buen precio, para encontrarme con Carmen Sofía Triana, colombiana, esposa de un banquero holandés. La embajadora de Colombia, Carmenza Jaramillo, —quien estuvo en Asia— me recomendó contactarla a fin de que me contara sus experiencias para un reportaje que yo estaba haciendo sobre Singapur. Tomamos café y me empapó del sistema y la vida en ese otro enclave asiático.

—Hong Kong es actualmente el mejor complemento de la provincia de Guangdong—, expresó el periodista y empresario colombiano Ernesto Tovar, residente en China hace más de una década. —Está conectada con la capital Guangzhou y ciudades tan importantes como la más cercana Shenzhen y Dongguang. Este factor hace que los residentes de esas zonas tengan a Hong Kong como una válvula de escape de su rutina en China Continental.

En Hong Kong no se fabrica una aguja, y no entran los muebles de Olga Lucía a su apartamento, pero se consigue desde un avión, hasta que un sastre te entregue en la tarde, un traje ordenado en las horas de la mañana.

6. India desde un tren

Guruinder Singh nos fue a buscar al aeropuerto de Mumbai y nos llevó a West Bandra, donde nos alojamos en el apartamento de Ingrid Campos, una amiga venezolana, esposa de un banquero holandés. Ser El Marco Polo de Lorica tiene sus ventajas. Ingrid y la chilena Elisa Sadarangani, esposa de un paquistaní con quien vive en India, nos esperaron en el aeropuerto.

Conversamos largas horas sobre América Latina y la vida de dos latinoamericanas en India.

En la tarde, Ingrid y Elisa nos llevaron a conocer Dhobi Ghat. Una enorme lavandería pública de ropa. La conforman hombres. Lavan sin jabón y solo usan soda cáustica. Desde la calle se ven miles y miles de piezas de ropa colgada secándose en los alambres.

—Los "dhobi" son las personas más humildes del sistema de castas del hinduismo—, explicó Elisa. Trabaja de profesora para niños en una escuela de su barrio. Los "dhobi" hacen parte de una "subcasta" de los Dalits o "intocables". Suman unos 200 lavanderos —comentó.

Es una empresa de cientos de años. Los empleos se heredan, pasan de generación en generación.

También hay castas tradicionales con oficios de barrenderos de calles, limpiadores de baños, peluqueros y otros oficios.

—¿Cómo explicar esta India tan avanzada en textiles, ingeniería y tecnología de computadores, que a su vez tiene tanta pobreza? —pregunté a Lal Sadarangani, esposo de Elisa.

—Eso pasa porque aquí los que tienen acceso a los estudios siempre quieren ser los mejores en todo. Lal ha vivido casi toda su vida en Maharashtra. Los estudiantes indios se dedican a estudiar un cien por ciento la carrera escogida. Por eso logran especializarse en lo que estudian. Más adelante hacen posgrados, para superarse. Algunos se quedan en India y muchísimos emigran.

—¿Son estudiosos los indios?— pregunté.

—Admiro la educación que existe en este país —respondió la profesora Elisa.

—Todos se dedican a estudiar. Sobre todo en épocas de exámenes finales. En aldeas indias no se ve un alma en las calles en tiempos de exámenes; realmente se dedican a estudiar —comentó.

Elisa insiste en que "la causa de la pobreza en India radica en que el ochenta por ciento de la población vive en los pueblos sin acceso a la educación".

"La mayoría son pobres y seguirán siendo pobres por el sistema de las castas. Es decir, sólo se ayudan entre ellos, los de una misma casta".

Respecto a las divisiones sociales, Elisa dijo:

—Los brahmanes son la gente de la clase más alta y no se mezclan con otras castas. La casta más pobre es la de los *dalit*. Viven en su propio mundo, ajenos a lo que ocurre en el planeta. Cazan aves para alimentarse y viven en forma incivilizada. Solo una minoría se interesa por estudiar. Así nunca se superarán.

"En los pueblos no existen las leyes de la población común. Allí los problemas los resuelven los ancianos, que hacen de jueces. Si alguien comete alguna falta, tiene que obedecer el castigo que impongan los ancianos. Si desobedece es expulsado para siempre de su comunidad. Eso significa que no podrá volver a ver a sus familiares ni podrá casarse con alguien de su casta".

Uno de los amigos que más nos ilustró sobre las curiosidades de la cultura India fue Lal Sadarangani. Pertenece a los *"sij"*. Los miembros de esa casta, unos 300 millones, son principalmente hombres de negocios. El sijismo nació en Punjab, hace más de 500 años y fue fundado por un gurú que se levantó contra los rituales y rezos a los ídolos del hinduismo. Por sus turbantes suelen ser confundidos con musulmanes, aunque no lo son. Los varones no se cortan el cabello ni se afeitan la barba.

Viaje en tren. Salida de Jaipur 6:00 am decía en el tiquete. Debíamos llegar a Agra a las 2:00 p.m. Estuvimos temprano en la estación y adquirimos —sin problemas— tiquete para primera clase. Fuimos de los primeros en hacer la cola para abordar el tren. El vagón no tenía lujos. Era aceptable. Me habían predispuesto que tendría que soportar dificultades. Encontramos bancas con cojines de algodón. Las ventanas se podían abrir para recibir la brisa y airear el ambiente. Tomamos nuestros puestos. Poco a poco fueron llegando los demás pasajeros. Buscaron ubicación con sus maletas y paquetes.

El tren salió con media hora de demora. Después de partir, algunos pasajeros fueron arreglando las literas para dormir. Me sentí extraño. Como mosca en leche. Agudicé mis sentidos. Observé con extrañeza al hombre que se subió a la litera del último piso. Se enroscó en unas sábanas blancas y se echó a dormir. Se quedó quieto y no reaccionó durante todo el trayecto. Contagiado por los demás yo también me dispuse a dormir. Me había levantado temprano en Jaipur. Estaba soñoliento. Pasaron dos o tres horas de sueño. La mayoría nos habíamos despertado. Un camarero pasó ofreciéndonos alimentos, agua y té. En India el té está a la orden del día. Es tan común como el café en Colombia. Al llegar a una casa o a la oficina de visita, te ofrecen un café.

Volvamos a este viaje en el tren en India. Me llamaron la atención las joyas de la señora que viajaba en la banca, frente a mí. Eran lindas y le cubrían los antebrazos y las manos. Estaba pasadita de kilos. Elegantemente vestida con sedas vistosas. Poseía una belleza común en las mujeres lindas de India.

El andar lento del tren me regaló la oportunidad de ver facetas y comportamientos de los indios. Los ramilletes humanos colgados de las puertas. Gente que sube y baja del tren. Por las ventanas yo seguía mirando las casas y los palacios, las vacas y perros famélicos. La precariedad de los pueblos, el colorido del vestuario de las mujeres y la tristeza de los ríos.

Por la tela del sarí, —nombre del vestido que llevan las mujeres en la India—, las joyas y su personalidad, me di cuenta de que esa señora con quien compartí el vagón del tren entre Jaipur y Agra, pertenecía a una casta superior. Antes de partir, un hombre le ayudó a acomodar dos maletas debajo de la silla. Las aseguró, poniéndole cadena y candado. El otro señor sentado junto a la ventana leía el *India Times*. Carraspeaba feo cada cinco minutos. Una señora de unos setenta años, de ojos grandes y almendrados y el pecho cubierto por la *dupata* de seda, iba acompañada de dos hijas treintañeras.

A la hora del almuerzo el tren atravesó una llanura con pueblos y caseríos deprimentes. Vi gente haciendo fila. El aspecto era de recién levantados.

Tenían una manta amarrada en la cintura y buscaban agua. Las vacas —como reinas de pueblo— cruzaban las calles y caminos con su paso lento.

Los camellos halaban carretas cargadas de bloques de mármol. Niños jugaban cricket en los potreros. A lo lejos pagodas budistas y bramánicas. Fueron construidas en piedra, adornadas de nichos en el entorno de las cúpulas.

Mis vecinos de butaca comían. Yo caí en cuenta de que llevábamos una semana en India. Habíamos entrado por Mumbai y visitado varias poblaciones de Maharashtra, Gujarat y Rajastán. Me mantenía invicto. Nada me había caído mal. No había padecido de males estomacales. Uno de mis grandes temores. Simplemente seguí el consejo de Carmenza Jaramillo, quien fue embajadora de Colombia en India. "No tomes agua, ni comas en la calle. Vete a los hoteles o restaurantes. Nada de frutas. Nada sin hervir y poco picante". Aún estoy asombrado de las costumbres y tradiciones de la India.

No olvido el arribo a la estación de Agra. Me bajé del vagón y caminé entre la multitud. India es país de muchedumbres. Me vi obligado a saltar para no pisar a la gente que dormía en el suelo. Es la tierra de Gandhi. Su gente duerme donde le da sueño. Entre otras causas: los pésimos gobiernos y la pobreza extrema. Son millones de personas las que no tienen vivienda. Hice esfuerzos para no pisar a quienes estaban tirados en el suelo. Yo iba tratando de no detenerme. De no dejarme asistir por los voluntarios que se acercaban para cargarme la maleta. Yo quería tener el dominio de mis maletas. También esquivé a los taxistas. Acuden a la estación ofreciéndose para llevar turistas a los hoteles. Crucé el túnel humano y salí por fin a un área más despejada. Ya podía respirar un poco más tranquilo.

''Creo que pasé por encima de gente que dormía y no se volverá a despertar jamás", dije a mi esposa.

Más que una terminal ferroviaria, esto parecía un mercado de Afganistán en pleno fin de semana.

Llegamos al hotel y tuvimos un leve contratiempo. En Jaipur, me hice amigo de una británica. Dónde te alojaste en Agra, le pregunté, y me dio el nombre de un hotel donde ahora estaba solicitando cuarto.

Era bueno, bonito y barato. Me dijeron que no podían darme alojamiento. No tenía reserva. Desarrollé mis tácticas de convencimiento con el administrador para que hiciera una excepción. Soy periodista, escribo de viajes, soy el Marco Polo de Lorica, le dije para ablandarlo. Puse mi mente en positivo y alineé los astros a mi favor. Al final, como ha sido usual en mi vida de aventurero afortunado, nos dieron una habitación, y además con el premio de tener vista a la calle. Nos registramos.

Dejamos maletas y salimos de prisa. Deseábamos aprovechar el resto de tarde para conocer el Taj Mahal.

Compramos los boletos e hicimos una de las cinco colas que había en ese momento. Ingresamos a las 4 de la tarde.

No sabíamos qué hacer de la emoción. Por fin frente al Taj Mahal. ¡Uno de los edificios más bellos del mundo! Mirar esa proeza arquitectónica construida en el siglo XVII, o tomar fotos. La gente de todas las razas desfilaba por un lado y por otro. Supongo que sentían la misma sensación que nosotros estamos viviendo. El edificio es un homenaje al amor de un emperador, Sha Jahan, y su esposa, Arjumand. Yo buscaba la manera de transmitirle a mi mujer la emoción de un hombre sensible al amor y al arte. No podía perder esta oportunidad para ganar puntos en mi vida de esposo enamorado y romántico, así que le agarré las manos, la besé en los labios y la estreché contra mi cuerpo apasionadamente. Recordé mis bríos de juventud. Eché mis restos de adulto contemporáneo experimentado. "Te amo" le susurré al oído. Ella volaba descontrolada en los aires de Acra por mi erotismo imparable. La vi desvanecerse. Volví a besarla y le acaricié al oído. Al tratar de darle un leve mordisco en el lóbulo de la oreja derecha, se movió y la mordí. ¡Ay! Pegó un grito. Nos movimos y perdimos el equilibrio. Intenté sostenerla, pero nada. Metió el pie izquierdo en el agua del estanque. Enseguida me agaché y saqué del bolsillo trasero el pañuelo que siempre llevo en el pantalón, como los señores de antes. Puse su pie sobre mi pierna y se lo sequé. Me di el lujo de darle un beso a su pie, todavía fresco por la humedad, a orillas del estanque central. Algo nunca hecho en India lo protagonizaba un loco enamorado como yo. Era una forma de demostrarle mi amor a Maripaz y revalidar el trabajo de 20.000 hombres y 1000 elefantes, en 23 años.

Después la invité a posar para fotografiarnos con el estanque y el monumento detrás para la primera foto. Luego otra, otra y otra. Yo quería capturar la mejor vista. Las fotografías quedaban espectaculares. El ángulo más artístico. La cúpula grande, las dos pequeñas. Yo procuraba que salieran las cuatro columnas. Nos acercamos para ver mejor los detalles. Subimos por los escalones a la estructura de mármol y oro, fruto de un rapto de amor. Queríamos tocar las paredes y las joyas incrustadas: lapislázulis, malaquitas y turquesas. Antes de retirarnos de esa maravilla nos sentamos en uno de los bancos del jardín. Seguíamos embelesados viendo la silueta de la obra. Detrás, el cielo con los tonos azules, naranja y rojos más espectaculares del atardecer.

Nunca olvidaré mi declaración de amor en el Taj Mahal.

Un viajero que se precie de trotamundos no puede pasar por alto visitar India. Hay que venir a India para graduarse de aventurero. Este subcontinente ofrece las más sorprendentes curiosidades que uno no imagina. Como ocurre con Nueva York, a India se ama o se odia. India es una suma de espiritualidad, sonrisas y contrastes.

India me parece tan fascinante que estamos haciendo planes con mi esposa para regresar. Viajar a Kerala y Goa. Están ubicadas al sur. Donde estuvieron los portugueses y los atardeceres se cambian por suspiros.

IV

RINCONES DE EUROPA

1. El paradisíaco sur de Francia

El avión de Air France aterrizó en la mañana en París. Tuvimos que esperar hasta las tres de la tarde para hacer la conexión con el vuelo Paris-Marsella.

La oficina de turismo nos había reservado alojamiento en el Hotel Beauvan, al pie del viejo puerto. Luego supimos que era el hotel más antiguo fundado en Marsella. En el Beauvan se alojaron destacados personajes de la historia: Chopin, Lamartine, Paganini, Merimmé y George Sand, entre otros. Y ahora El Marco Polo de Lorica.

Esa noche caminamos por los alrededores del puerto, conociendo y buscando donde cenar. Nos cautivó lo vibrante del puerto. Veintiséis siglos atrás, llegaron los griegos, fundadores de esta "Puerta del Mediterráneo".

Entramos al restaurante "Une Table au Sud". Nos acomodaron en una mesa para dos y el camarero nos trajo la recomendación del día del chef Ludovico Turac.

—De donde vienen— le dije a cuatro personas que conversaban sentadas en la mesa al lado de nosotros. Hablaban alto y el tema me interesó.

—De Niza— respondió el hombre de la esquina. Hablaba en un español con acento italiano.

Se trataba de un milanés. En pocos minutos ya habíamos entrado en confianza. Conformaban la tripulación de un majestuoso velero. Llevaba más de cuatro años navegando por los mares del mundo. Habían salido esa noche a cenar a la calle.

También nos dejaron saber que acostumbran ir de puerto en puerto, de mar en mar y de océano en océano. Recalando por los continentes, por agua y tierra. El propietario disfruta del confort de su embarcación. Nunca sale de la nave.

—¿Cómo así? —pregunté.

—Su dueño vive en el velero. No quiere poner pie en tierra. Hace años que no se baja del velero— comentó Marco Stanaro. Es el capitán, oriundo de Génova, un hombre joven, con garbo de artista de cine, de unos 40 años de edad.

Entre charla y charla averiguamos lo que nos permitieron. Fueron soltando detalles. Por ejemplo, supe que el magnate es un hombre bastante entrado en años. Socio de Berlusconi y dueño de una docena de multinacionales europeas.

Pude entender que el multimillonario tuvo una desilusión ni amorosa ni económica. Al parecer, moral, de amigos de su círculo político. Se marchó frustrado. Desapareció de la vida social italiana. Se ocultó en el ostracismo de la suite del velero, acompañado de su mujer, muchos años menor que él. Su velero es uno de los más lujosos y equipados del mundo. Dotado de helicóptero, equipo médico y otros servicios exclusivos que solo hombres con la solvencia económica como él pueden permitirse.

—El velero está en el puerto. Su mástil es el más alto, —nos indicaron los tripulantes en el restaurante. Es azul y blanco. Es espectacular.

Además del mayordomo y el capitán, los otros dos que nos acompañaban en la mesa eran la ama de llaves, el jefe de comisariato y el cocinero.

—Soy venezolano. Cuando el jefe, —siempre se referían al magnate como el jefe, nunca lo llamaban por su nombre—, estuvo en el archipiélago de Los Roques, en Venezuela, le gustó mi forma de cocinar. Me contrató para trabajar. Desde entonces estoy de chef en el barco. Formo parte de este grupo, explicó Walalam Aushi.

—¿Cuánto tiempo llevas en el velero?

—Más de cuatro años.

Al terminar la charla intercambiamos teléfonos y correos electrónicos por insinuación mía. Me interesó estar en contacto con ellos para seguirles el itinerario por el mundo. Nos despedimos.

A la mañana siguiente, a primera hora, abrimos la ventana del hotel. Efectivamente un enorme velero de color azul y líneas blancas sobresalía entre las demás embarcaciones.

Nos acercamos a la orilla del puerto. Unos vendedores habían instalado unas mesas de venta de pescados y mariscos. Los acababan de traer los pescadores que realizan sus faenas en la madrugada.

Nos topamos con los cuatro amigos de la tripulación. Descendían del velero con otro que cumplía labores de limpieza y pulimiento de la nave. Nos dijeron que era ayudante de navegación.

Nos tomamos fotos con el velero a nuestras espaldas. La mujer invitó a sus compañeros a seguir la compra de productos alimenticios para el menú. El jefe, su grupo de expediciones y nosotros, fuimos a encontrarnos con la guía Ana Isabel Gallego para hacer un recorrido por Le Panier. Deseábamos conocer el barrio más castizo. Donde se fundó la ciudad de Marsella.

De regreso del recorrido por las callecitas y plazas de Le Panier nos sentamos para almorzar en Le Miramar. El chef Buffa Christian, hijo del fundador del restaurante, nos contó el origen de un plato típico de la Provenza.

—La *bouillabaisse* es una sopa de diversos pescados enteros, con papas y tomate—dijo. Es un plato regenerador, que comían los pescadores. Curiosamente nació como un plato de gente humilde. Terminó siendo el favorito de gente rica.

Este restaurante fue fundado en 1968, con una vista privilegiada en primera línea del malecón. Es muy acreditado por preparar una buena sopa *bouillabaisse*. Por ese motivo es un plato que solicitan muchos turistas.

—Tengo que viajar a Jordania por asuntos de trabajo. No alcanzamos a vernos, me manifestó telefónicamente cuando la contacté y le anuncié mi viaje al sur de Francia donde reside, la socióloga monteriana, Maria Elena Márquez. Amiga de nuestra época de estudiantes en Bogotá, compinche de parrandas y vecina de apartamento en la avenida 19 y carrera quinta, con las hermanas Nohora y Rocío Sánchez Juliao.

—Ya le hablé de ti a Aída García Virgierlatou, la llamas.

Así fue. Dos días después Aída nos llevaba a caminar. Nos presentaba otra cara de Marsella. Colombiana y profesora de chino. Nos compartió su historia:

—Esta es mi segunda temporada en Marsella. La primera vez estuve tres años y decidí regresarme a Medellín, quería estar con mi familia. Me voy, le dije a mi novio, médico de profesión. O nos casamos o esto se acaba, le precisé. Él lo pensó mucho. No se decidió y adiós. Me fui para Colombia.

Mientras Aida hablaba, comía un pedazo de piza. Estábamos en Chez Etienne. Una popular pizzería de la Rue Lorette, en el centro de Marsella. Fundada por un jugador de fútbol griego. La puso de moda hace varios años. Hace parte de los sitios para visitar y comer. De ambiente casero, precio módico y buen vino. Éramos atendidos por el sobrino del creador del restaurante.

—Bien, ¿y cómo sigue la historia? —le pregunté.

—Yo me fui para San Antero, en el Golfo de Morrosquillo, en Córdoba, a disfrutar de la playa, los cocoteros, la música, la alegría de la gente y la vida sencilla de un pueblo de pescadores—, recordó Aída. En ese lugar a orilla de la vía entre Lorica y Coveñas, mi mamá, Julieta Aristizábal, abrió una enorme tienda de artesanías de la región. El nombre fue "El Museo del totumo". Yo la acompañaba. Un día recibí una llamada de mis tías de Medellín. Me dijeron que un francés había llegado a la casa y me estaba buscando. Me preguntaron si podían darle mi teléfono. Autoricé para que se lo dieran. Efectivamente luego me llamó. Me manifestó que deseaba verme.

—Vivo en un pueblito de pescadores, casi abandonado—, le advertí. Aída nos confiesa que temía que el médico francés se desilusionara ante las condiciones de atraso de San Antero, falta de obras y servicios públicos deficientes.

Aída estaba nerviosa. Al día siguiente no podía dar crédito de lo que estaba viendo y viviendo. Se encontraba a la sombra de los matorrales de una cerca. En una pista de grama en Santiago de Tolú, cerca del mar. Tres veces a la semana, cuando hay pasajeros, aterriza una avioneta de doce pasajeros, procedente de Medellín. Ese medio día llegaba el vuelo de la aeronave. El francés venía a descubrir ese paraje del litoral atlántico colombiano en estado puro de subdesarrollo, donde la gente sobrevive de trabajos agropecuarios, la ganadería y la pesca.

—¿Cómo fue esa llegada?

—Pierre me abrazó. Dijo que se le estaba cumpliendo un sueño de su vida. Vivir alejado de la civilización en un lugar de a la orilla del mar, sin preocupaciones. Fuimos a San Antero. Esa noche mi mamá le tenía una sorpresa, le organizó un recibimiento típico de la zona: ron con agua de coco, mariscos, pescados frescos, patacones fritos, arroz con coco y una banda de músicos para bailar porro y vallenato.

—¿Qué cara ponía el francés?

—De aquí no me voy— dijo emocionado. Me abrazó. Dijo que me extrañaba. Que venía a casarse conmigo cuando y donde yo decidiera.

Buscamos un cura y nos casamos en Playa Blanca. Uno de los paraísos silvestres de San Antero. Estuvimos un tiempo allá. Pierre se hizo popular en el pueblo. Se divirtió en el Festival del Burro el Sábado Santo. Navegaba por los manglares hasta Cispatá. Fotografiaba delfines rosados. Después nos trasladamos a

Marsella. Yo sigo de profesora de chino. Pierre tiene un puesto como médico.

Esta historia de amor no acaba. Se alimenta todos los días en la vida de Aida y el médico francés. Siguen viviendo en Marsella pero con el sueño de jubilarse y volver a San Antero para disfrutar de la vida a la orilla del mar.

Mi gira por la costa francesa se desplazó unos cuantos kilómetros, hacia La Provence, a la zona donde vive la Bella en la película de hadas "La bella y la bestia" de Disney.

Las primeras dos noches las pasé en Aix en Provence. En el hotel *"Saint-Cristophe"* en la Avenue Victor Hugo. A veinte metros de Cours Mirabeau, el bulevard principal de la ciudad. Caminar por sus amplias aceras es un deleite. Bajo frondosos y elevados plataneros. Unos árboles centenarios que dan sombra y colorido.

—Esta avenida fue creada en 1.646. Era la vía de las carrozas— dijo la guía. La moda era tener una casa aquí.

En una esquina se conserva la primera casa construida por la nobleza. Dos cuadras atrás una placa en la puerta del liceo donde iniciaron su amistad desde la niñez, el pintor Paul Cézanne y el escritor Émile Zola. Sobre la avenida hay oficinas, tiendas elegantes y cafés al aire libre. En la terraza se lee: 1792 *"Les Deux Garçons"*, era el café que frecuentaba Cézanne en el siglo XIX y Picasso en el siglo XX.

Para descubrir Aix en Provence lo mejor es meterse por sus callecitas y andar. Cada esquina, edificio o cualquiera de sus cuarenta fuentes tienen su historia. Paul Cézanne, nació aquí en 1.839. Es un ícono de la ciudad. Con un mapa y siguiendo las señas marcadas en la vía es posible seguir su rastro. Y visitar los sitios donde estuvo el padre de la pintura moderna. Por ser una ciudad universitaria, en Aix se respira un ambiente vibrante. Tiene una población de setenta mil estudiantes. Los vinos, el mercado de frutas, de pescados y de flores, contribuyen a darle más colorido. El ejercicio de salir con ánimo de curiosidad, a buscar un restaurante es una experiencia agradable. Una mirada a los museos y palacetes ayuda a redondear la visión y el papel de Aix en la historia de Francia.

Luego de dos noches en Aix en Provenza, continuamos nuestro recorrido hacia Arlés. Una ciudad a orillas del río Ródano.

68 kilómetros separan Aix en Provenza, de Arlés. En su tiempo fue colonia griega y epicentro del imperio romano. De esa época datan muchos monumentos. Los mejor conservados de Francia son el Anfiteatro, las Termas de Constantino, el Foro y el Circo. No es sino poner pie en suelo arlesiano para sentir la presencia de Vincent Van Gogh. La ciudad gira alrededor de su espíritu y los trazos de sus cuadros.

El pintor holandés se mudó para Arlés en febrero de 1888. Vivió aquí hasta mayo de 1889. Atraído por su buen clima y por la luz de la Provenza, plasmó sus colores en los trigales, los narcisos, el río Ródano, los canales, el mar, su gente y los atardeceres. Los portales de las tiendas de souvenirs, almacenes y agencias de turismo están inundados de réplicas de litografías y postales de Van Gogh.

—No se puede hablar de Arlés sin hacer referencia a la vida y obra de Van Gogh en este lugar—, expresó la guía. No hay duda, vasta pasear por la ciudad.

—Vamos a La Camarga para que conozcas el pantano más grande de Europa— me indicó Francine Riou, de la Oficina de Turismo. Es un inmenso delta del Ródano donde el hombre vive entre caballos de raza, lagunas, flamingos, fincas y ganaderías.

Salimos de Arlés, tomamos la carretera al este y seguimos disfrutando de los encantos de la Costa Azul.

2. Ámsterdan de día y de noche

Caminé por la curva de oro, en Ámsterdam, viendo mansiones mercantiles del siglo XVII.

Visité Holanda en mi primer tour por Europa, a mis 25 años. Desde entonces en cada viaje paso por aquí y descubro algo nuevo. Antes no fallaba de ir al barrio rojo para ver las muchachas desnudas en las vitrinas. En esta ocasión me llama la atención entender la evolución de la ciudad en el marco de su historia. Lo que fue, cómo y dónde vivía su gente. El papel de los artistas y cómo fueron construyendo la estructura hidráulica vial, los canales, los edificios.

Mi imaginación vuela a la Ámsterdam española, heredada por Carlos V. Ámsterdam fue el puerto más importante del mundo. Después de Lisboa.

Ámsterdam imitó en 1.609 a Venecia, creó la banca y se convirtió en el centro financiero más poderoso del mundo.

Los judíos expulsados de España y Portugal se instalaron en este puerto. Esos inmigrantes tenían el conocimiento para el tratamiento de diamantes y otros productos. Eran factor para crear riqueza y comercio. Igual que hoy.

—Quieres papitas belgas— insinuó John Jairo Ayala. Mi amigo, nacido en Colombia, radicado aqui desde niño, ha sido mi mejor guía de Holanda por dos décadas. Es uno de los cinco mil niños colombianos adoptados por familias holandesas hace más de treinta años. Muchos son profesionales en la actualidad. Se han casado y tienen familias. Hablan el holandés como si fuera su primera lengua. Tienen una organización, Chicolac, Chicos colombianos. Cada uno es protagonista de una historia de vida digna de hacer una película. Conozco varias. Una más dramática que la otra.

—Son papas fritas con mayonesa. Aquí les dicen papitas belgas.

De verdad que son provocativas. Las colas en Reguliersbreestraat, cerca de Rembrandtsplein, son interminables. A toda hora hay gente comprando. Las papitas belgas le dan sabor a la tarde. Llovizna. La multitud va y viene. A pie y en bicicletas bajo nubes de paraguas.

Sigo redescubriendo lugares. Viendo casa-botes. La casa donde se alojó Pedro I el Grande, (el zar que vino de joven y se llevó el proyecto de construir una réplica de esta belleza y así nació San Petersburgo) o Dani Fahrenheit. Esta sociedad es líder en tolerancia, permite venta libre de marihuana y hachís en las cafeterías.

Otro placer al venir a la "Venecia del Norte" es tomar una buena cerveza. En un bar original del año 1.600.

Mis amigos de la organización "Chicolac", niños holandeses, viven en Harlem. Nombre trasplantado más tarde a un barrio de New York, bautizado inicialmente, New Amsterdam.

Mucho ha cambiado el pueblito de pescadores que nació alrededor del Castillo de los condes de Holanda. Fue construido sobre el dique del Río Ámstel, en el siglo XIII.

Aunque sea por pocas horas, al pasar por Ámsterdam siempre hay que entrar al "Rijksmuseum". Se trata del museo nacional de Holanda.

La historia del arte de Holanda desde el año 1.100 hasta hoy. Es un viaje en el tiempo.

«La Ronda de la Noche», de Rembrandt, es la obra más taquillera. Abarrota públicos a toda hora. Extasiado admira el óleo pintado por encargo de la Corporación de Arcabuceros de Ámsterdam para su sede. Oficina que debía inaugurarla con un banquete, María de Médicis, en la visita que hizo en el año 1.638.

(El retrato colectivo no llenó las expectativas de quienes la encargaron. La obra estuvo abandonada. Sufrió deterioro hasta el 1.947). En otra de las secciones el museo se muestran obras de grandes maestros del siglo XVII: Frank Hals, Steen, Vermeer y Rembrandt. (Pensar que estos pintores no fueron populares en su tiempo). Este fue el siglo de Oro de la prosperidad holandesa. Los exploradores descubrieron nuevos territorios y se establecieron afuera.

El museo también exhibe casas de muñecas del siglo XVII, porcelanas, juegos de té, jarrones, muebles, baúles, vajillas, cubiertos y una gigantesca biblioteca.

A última hora, casi a la salida, un poco presionados porque era hora de abandonar el museo, pudimos ver una colección de embarcaciones, armas y cañones. Una diversidad de objetos y joyas que recrean aquella época de esplendor holandés.

La última mañana del viaje por Holanda volvimos a la Casa de Anna Frank. Luego entramos a la Sinagoga portuguesa sefardí de Ámsterdam, construida en 1675. De diseño cuadrado es una de las más grandes del mundo. Expulsados de España y Portugal, los judíos emigraron para Ámsterdam. Ha sido la constante en la historia. Donde llegan los judíos crean riqueza y prosperidad. De donde se van, el país cae en el desastre. Estos judíos portugueses contribuyeron al "boom" del siglo de Oro Neerlandés. Esta sinagoga es reflejo de esa bonanza.

Es la única con suelo de arena que no está en el Caribe. Guarda tesoros que vale la pena ver con curiosidad histórica y religiosa.

Tengo que buscar y leer el libro «Piratas judíos en el Caribe», de Edward Krizler. Dedica un capítulo extraordinario a las aventuras en el mar y las islas de América.

3. Edimburgo es una ciudad perfecta

Edimburgo es la ciudad perfecta. Esa tarde bajé del avión que me trajo de Londres. Entré al aeropuerto y recibí una llamada de la Cadena SER de España. Como es habitual, la productora se comunica telefónicamente conmigo. Marca desde los estudios de la emisora en Madrid y me localiza en cualquier lugar del mundo. Narro crónicas viajeras para el programa semanal "Ser aventureros", que conduce en Madrid, José Antonio Ponseti. Se retransmite por las emisoras del Grupo Prisa, incluida Caracol 1260 AM, en Miami.

Desde que entré al aeropuerto de Edimburgo me persiguen el aroma del whisky y las destilerías, y las novelas de Sir Walter Scott. Escocia, tierra de castillos, edificios del siglo XV y leyendas de fantasmas. Un dinosaurio que se escapó de la extinción mora en el Lago Ness desde hace 1.500 años. Alguien lo ve y otros le toman fotos.

Los escoceses son muy amables. Hay periódicos disponibles en los autobuses. La gente sube. Los lee. Los deja. Todos pasajeros hacen lo mismo.

En la Royal Mile caminé entre restaurantes, tiendas, iglesias y edificios medievales. La primera noche cenamos en Gordon's Tratoria. El dueño es polaco; el chef, italiano; los camareros de Nueva Zelanda, de Irán, y otros países. La ciudad es bella. El otoño se hace notar con su llovizna.

En la mañana subimos temprano a Calton Hill, queríamos aprovechar la luminosidad del sol. Se oculta en las primeras horas de la tarde.

—Este es el cañón portugués que más ha viajado y cambiado de dueño, —le dije a Maripaz. Es un cañón que se exhibe en el cerro. Su historia me atrae. De los portugueses pasó a la Real Armada de España en el siglo XV. Llegó a las colonias portuguesas de Asia antes de 1785 a manos del Rey de Arakan, en Burma, antigua Birmania. Los británicos lo capturaron en 1885, durante las invasiones a Birmania. En 1886 lo llevaron a Edimburgo. Actualmente está exhibido en Calton Hill junto al Monumento al Almirante Nelson y el Memorial Monument. Se le rinde homenaje a los soldados escoceses caídos en las guerras napoleónicas.

—Mira lo que me encontré— expresé, mientras íbamos caminando desprevenidos. Esa mañana de viernes, por la capital de Escocia.

Estábamos en la puerta de la casona donde vivió Adam Smith, autor de "La Riqueza de las naciones". Es considerado el primer libro de economía moderna. Documento fundador de la economía clásica.

Las mujeres y los hombres, aquí en Escocia, son ampliamente conocedores del mundo del whisky. Escocia cuenta con 90 destilerías del preciado trago.

Me explicaron que las denominaciones tienen su raíz en la lengua materna de los escoceses, el gaélico. Muchas marcas tienen el prefijo Glen. Glenfiddich, Glennliber, es un término escocés que en estañol significa valle. Hace referencia al emplazamiento de la destilería. Fue imposible resistirme a degustar, acariciar botellas y tomar single malt.

En cualquier esquina de Edimburgo el gaitero escocés hace sonar su instrumento de viento. Uno va acostumbrándose a su sonido. A su traje típico.

—¿Por qué usan faldas? —pregunté.

—Ellos no las consideran faldas. Les llaman *kilt* —explicó una guía. Lo usaban para el combate. Decían que les daba mayor libertad de movimiento. Además servían para abrigarse.

Los escoceses son gentiles y alegres.

—Son los andaluces del Reino Unido— asoció la misma guía.

4. Londres, señorío y tradición

El crucero partió a las cuatro de una tarde de otoño londinense, del muelle de Westminster —zona del Big Ben— en el río Támesis, rumbo a Greenwich.

¡La suerte estaba echada! Mi tercer día de excursiones en la metrópoli fundada por los romanos hace dos mil años. Londres brillaba como la capital más cosmopolita del mundo, con el amarillo del follaje del Parque Saint James y un cielo más azul que gris. Los desfiles multirraciales de residentes y turistas eran cada vez más vistosos en la Plaza Trafalgar y Oxford Street, o durante el cambio de guardia en el Palacio de Buckingham. El clima se asemejaba —por lo agradable—al de Medellín, Colombia y no había llovido en ningún momento. Mejor imposible. Una ciudad a "tutiplay", para gozarla.

Pagué con gusto las 17 libras esterlinas que costó el boleto, y me embarqué entusiasmado en el barco turístico por dos razones. Primero, por ser un costeño irredento levantado a orillas del Caribe. Tenía curiosidad por experimentar qué tan diferente era pasar de navegar por el río Sinú al Támesis, el río más importante de Inglaterra, y la principal fuente de abastecimiento de agua de Londres. Y segundo, como buen trotamundos, yo deseaba poner mis pies en el famoso Meridiano de Greenwich. El punto desde el cual parten todos los meridianos del mundo. Dicho de otra manera: "la longitud náutica no tendría sentido sin este punto cartográfico".

De sus atractivos turísticos nos había aleccionado la periodista bogotana María Luisa Luque González, residente en Inglaterra. Ella y Ángela, su mamá, eran nuestras anfitrionas en East Croydon, al sur de Londres.

—Greenwich es uno de los barrios más llenos de historia de Londres— dijo María Luisa. Allí nacieron varios de los Tudor, Enrique VIII, es el más conocido. Tiene un museo con mucha historia naval británica.

También nos mencionaron el mercadillo si queríamos encontrar platos de la cocina portuguesa, italiana, etíope, o comprar bisutería y ropa a buenos precios.

Al salir el barco del muelle, lo primero que se destaca en el horizonte es el ojo de Londres, —London Eye—, la famosa Noria gigante desde donde se divisa parte de la ciudad.

La embarcación se movía lenta sobre las aguas del —que los castellanos llamaban río Artemisa— y yo, ubicado en un puesto con buena visibilidad en la ventana, fotografiaba los edificios que aparecían en las orillas y me eran más fáciles de ver desde mi localización.

El Obelisco de Cleopatra, traído de Alejandría, Egipto. El Teatro Nacional, calificado por votación de los arquitectos ingleses como el edificio más feo de la capital. La Catedral de Saint Paul y el Millenium Bridge, único puente solo peatonal de Londres. La Hay's Gallery y el edificio en vidrio, en forma de esfera, sede del ayuntamiento. Los ex alcaldes de Londres Ken Livingstone y Boris Johnson, lo bautizaron como el "testículo de cristal".

El río de 346 kilómetros de largo seguía su curso, con aguas limpias, para desembocar en el Mar del Norte. Nosotros encantados viajábamos y disfrutábamos, en el crucero turístico, de una tarde encantadora con agradable luminosidad. Pasamos por la Torre de Londres y nos hablaron de la historia de un castillo construido por Guillermo El Conquistador en 1078. Los ingleses lo ven como símbolo de la opresión de Londres por los normandos que llegaron de Holanda, en la Edad Media y se convirtieron en la nueva élite gobernante. El Támesis es

Londres y una vía que ha sido protagonista de la historia de la ciudad. Frente a nosotros una de las estructuras más emblemáticas del país, el Tower Bridge. Los romanos construyeron el primero, en el mismo lugar. Veinte siglos después se levanta un gigantesco puente levadizo al que entramos y subimos, —al día siguiente— para conocerlo. Es un monumento ícono de Londres. Al pasar por Canary Wharf identificamos el antiguo barrio portuario que hoy es epicentro de una de las más importantes zonas financieras de Londres, que habíamos visitado previamente. El edificio más elevado del conjunto es el segundo más alto de Europa, y corresponde a la sede de un banco canadiense.

Desde nuestra ruta acuática se veían parejas expuestas al sol, bronceándose en las terrazas de edificios de apartamentos lujosos con vista al río. A la hora y media de la partida el crucero atracó en el muelle de Greenwich. Los productos y objetos relacionados con astronomía exhibidos en las vitrinas de los almacenes ubicados en el corazón de la ciudad, nos llamaron la atención y entramos para curiosear.

Pasamos frente a "Greenwich Tavern" y otros pubs, y atravesamos un inmenso y hermoso parque con miles de árboles y hojas color ocre y amarillo en dirección a lo alto de la colina. Luego de caminar por casi media hora y ascender cuesta arriba, estábamos cansados y con la "lengua afuera", al pie del Real Observatory de Greenwich. Al norte teníamos una de las vistas más hermosas de Londres. En frente el histórico y enorme reloj en la pared de ladrillo rojo, junto a la puerta principal del Real Observatory, marcaba las 6:12 p.m.

¡Momento culminante! Para tomarnos la foto en esta línea imaginaria que divide el globo terráqueo en dos hemisferios y conecta el Polo Note con el Polo Sur, tuvimos que ingresar a turno en una larga cola. Esperamos que se fotografiaran previamente, más de veinte turistas de China, Canadá, Croacia, Italia, Portugal, Argentina, Venezuela y Estados Unidos.

La foto consistió en pararme sobre el meridiano cero, con un pie en el hemisferio Este y el otro pie en el Oeste.

—La decisión de crear el meridiano de Greenwich para establecer la hora en todos los países se acordó en Washington en 1884— dijo el guía del Real Observatorio.

En el siglo XIX el Reino Unido se había convertido en la primera potencia naval del mundo y requería de técnicas de navegación exactas. De manera que hallar una fórmula para calcular distancias era asunto de Estado para los ingleses. El Real Observatorio fue construido por orden del rey Carlos II en 1675, quien nombró a John Flamsteed su primer astrónomo real.

Antes de la existencia del meridiano de Greenwich "no existía una convención sobre la medición del tiempo o sobre la hora a la que empezaba y terminaba un día". "Aunque existían los relojes, las medidas horarias se realizaban en función de la luz solar y de forma muy intuitiva".

Después de visitar el Real Observatorio hicimos una parada en el barrio Cutty Sark, términos que muchos asocian con el licor escocés. El Cutty Sark es un barco construido en 1869, que transportó té de China a Londres. En su época adquirió fama por ser "el más rápido y grande en su estilo". Desde 1954 está anclado en un dique seco convertido en museo y atracción para visitantes.

Del viaje de regreso hasta Westminster tengo en la memoria dos datos que escuché sobre el Támesis. Uno, que uniendo las dos orillas del río hay 200 puentes. Dos, que en el invierno de 1814, la capa de congelación del río fue tan dura y gruesa que fue posible hacer que un elefante cruzara el río a la altura del puente de Blackfriars.

Londres es sin igual y para saberlo hay que vivirlo.

—Es una ciudad maravillosa —afirmó la periodista Maria Luisa Luque González. Cada día tiene emociones y cosas nuevas. Es una ciudad increíble. Tiene una diversidad de culturas fantástica. Como periodista te puedes ver con gente de muchos lugares del mundo.

—Lo que más me gusta de Londres son los parques y la actividad cultural, expresó Camilo Díaz, un colombiano que trabajó en Haringey Council Young Adult Service, de la capital británica.

—Es difícil que uno camine más de ocho calles, no haya un parque y además están bien cuidados, asegura Díaz. Este es un activo importante de Londres que hace que uno se sienta agradable en la ciudad.

Díaz también elogia el sistema de transporte de la ciudad.

—La red de metro que aquí se llama Tube, el Underground, y los buses de dos pisos, algunos de cuales trabajan las veinticuatro horas.

Residente en Sant Annas en Conway Road, Camilo no perdona su cerveza "London Pride", en el club de tertulias del "Pub Toll Gate".

—Londres es una ciudad cosmopolita como ninguna otra. "London it's London", reafirma.

Los londinenses —opina Camilo Díaz— son personas educadas, "friendly", pero eso no quiere decir que sean amigos tuyos. Se toman su tiempo y luego son más cercanos.

A Agatha Christie, la autora de la novela "Asesinato en el expreso de Oriente", me la encontré de perfil, dentro de un medallón, en un monumento en forma de libro en una esquina de Soho londinense.

La estatua fue colocada en el 2012 para conmemorar el 60 aniversario de la puesta en escena en el teatro de "La Ratonera", un clásico de las historias policiales de la escritora inglesa.

De "la reina del suspenso" se dice que era una mujer melancólica, que viajaba mucho y tuvo casas en varias ciudades, entre otras, Bagdad, Londres, Oxfordshire y Berkshire.

A propósito de la autora inglesa, Myriam Gómez, viuda del escritor cubano Guillermo Cabrera Infante, residente en Londres por varias décadas, comentó detalles de la vida de Christie. Agatha se casó por segunda vez con el arqueólogo Max Mallowan, a quien le siguió en sus exploraciones en Irak y Siria. De esta relación comentaba: "La ventaja de estar casada con un arqueólogo es que a medida que una envejece, él te encuentra más interesante".

Al final del recorrido entramos para dar un vistazo al almacén que pasó de ser la tiendita de comida que abrió Charles Henry Harrod, en 1834, a los lujosos Almacenes Harrods. Los mismos que instalaron la primera escalera mecánica del mundo en 1898. Desde el año 2010, Harrods, pertenece a la familia real de Qatar, luego de pagar 1.500 millones de libras esterlinas al magnate egipcio Mohamed Al Fayed.

La incursión británica tuvo su final en Croydon, uno de los municipios más grandes y populosos de la capital. Además del complejo comercial y de ocio, Valley Park, el centro comercial Whitgift y del estadio de fútbol Selhurst Park, sede del equipo Crystal Palace, club con más de 110 años de historia, este lugar registra un momento de modernización con una inversión de 5 billones de libras esterlinas.

—Aquí hay de todo— comentó María Luisa. Lo que más me impresiona de esta zona son los campos de golf cerca de mi casa. Hay un campo gigante, verde, precioso. Realmente impresionante. Dentro del campo hay un hotel muy bonito. Son muchísimos campos de golf perfectamente cuidados y maravillosos. O sea que ese es un lujo que tiene Croydon. Aparte hay zonas para montar a caballo, hay polideportivos enormes, estadios, centros comerciales. Es una zona que está creciendo rapidísimo. Se está valorizando fuertemente. Esta ciudad es tremenda y Croydon es muy grande dentro de Londres, señaló nuestra anfitriona y guía.

Antes de partir, Maria Luisa y Ángela nos despidieron a la hora del té. En la mesa hay teteras blancas bordadas en hilos de oro, pasteles y galletas. Tomamos té en bellas tazas de porcelana blanca y trajimos a colación la historia de Catalina de Braganza, la princesa portuguesa que contrajo matrimonio con el rey Carlos II en 1662, gran consumidora de té que introdujo la costumbre de la hora del té en la corte británica.

El ritual del té quedó institucionalizado a principios del siglo XIX por pedido de la duquesa de Bedford.

—Aquí se tomará té y colaciones antes de cenar—, ordenó. Desde entonces los amigos llegaban, la acompañaban y tomaban juntos el té de las cinco.

Confesión: mientras estuve en Londres complací a la duquesa de Bedford, a Maria Luisa y a Ángela, a la hora del té. Regresé a Miami y a pesar de intentar tomar té, no pude cambiar el hábito de toda una vida. Maripaz o yo, quien primero se levante pone la cafetera en el fogón. Los dos encontramos más gusto en la exquisita taza de café, varias veces al día, siendo la más apetecida, la primera taza de la mañana. Como dirían en mi tierra, al indio con lo que lo criaron.

5. En Ibiza ya no hay hippies

Si quieres tener calidad de vida, sentirte relajado, recorrer un puerto del Mediterráneo, cargado de historias de piratas, sin que nadie te moleste. Ibiza te espera.

Para hablar de cómo se vive en la isla fui al Restaurante "La Escollera en Es Cavallet". Su dueño es Marco Breu, un italiano.

—Llegué por casualidad hace veinte años. Tenía la intención de vincularme al negocio del disco. Me quedé.

Mientras habla, sirve una paella para seis. Tenemos el mar a unos metros.

—Aquí todo el mundo se siente relajado. Nadie reconoce a nadie. Nadie le estorba— declara Breu. Los famosos se sienten en casa. Visten informales de pantalón corto y chanclas. Nadie dice nada. A propósito, mira allí, quien está, dijo. Señaló a Jaime de Marichalar. El ex marido de la Infanta Elena de Borbón. Estaba sentado a la mesa con amigos.

—¿Qué otros te visitan?

—Futbolistas, actores, actrices, cantantes, muchísima gente.

—¿Cómo es la vida en Ibiza?

—La calidad de la vida en Ibiza es 80% de lo que falta en las grandes ciudades. La vida es carilla (cara). Claro, como es isla todo viene de afuera. Te sirve verdaderamente de poco para vivir. Digamos vivir discretamente. Se puede vivir aquí teniendo un trabajo y cuatro amigos. La calidad de la vida es lo mejor, absolutamente.

—¿Cuántas caras tiene Ibiza?

—Un millón.

—Descríbeme algunas.

—Aquí se puede salir de fiesta todas las noches y todos los días seguidos. Una familia puede ir a una cala y pasar fenomenal con toda su familia. Creo que Ibiza va a ser uno de los sitios más guapos del mundo para venir a pasar unos días, unas semanas. Deberíamos incentivar más el turismo de invierno porque también es fenomenal

Al final, Breu recomendó las paellas y visitar Ibiza en primavera, "por los almendros en Santa Gertrudis y Santa Inés".

Más que una isla española en el Mediterráneo occidental, viajar a Ibiza es exponerse a vivir una cantidad de experiencias inolvidables.

La historia de Ibiza también comienza con los griegos. La bautizaron como Pitiusas. Significa islas de pinos. Fue poblada por los cartagineses, herederos del poder comercial de los fenicios, en 654 antes de Cristo. Su primer asentamiento se registró en Sa Caleta, en los acantilados del sur. Luego la movieron al lugar donde se encuentra la ciudad de Ibiza.

Llegué en avión desde Madrid. También hay ferry diario desde Barcelona, Alicante y Valencia. Por 40 euros el trayecto.

Cuando el viajero llega a Ibiza, mucho tiempo antes, ya la isla está metida en el alma de quien la visita. La gente va a Ibiza cargada de ilusiones. Sale bronceada. Plena de satisfacción.

Caminé con un grupo de periodistas por el centro de Dalt Vila. En el casco histórico. Imaginé la juerga, el ambiente de esas calles invadidas por los hippies de los años 60, cuando Ibiza era La Meca de los jóvenes, de la droga, de la vida desordenada.

—Ya no hay "hippies"— me cuentan. Hoy se respira una atmósfera de arte. Famosos, amantes de la buena cocina. Es tierra de ocio. Naturaleza y mar.

Los turistas vienen a disfrutar de la acrópolis. A que les cuenten de la dominación musulmana. A recorrer el puerto, las murallas y los baluartes. Estructuras que protegieron a Ibiza de los ataques piratas.

El verano es de playas. Aguas color turquesa. Cala d'Hort, frente al islote Es Vedrá. Las Platges de Comte. El refugio Pou des Lleó. Todas las playas, incluidas las playas familiares en Bossa o Es Figueral, son muy concurridas. Y claro. Está también Es Cavallet es una playa gay con gran afluencia de bañistas. Fue la primera playa en ser declarada nudista. Oficialmente.

En Ibiza las fiestas no tienen fin. Los ibicencos, —gentilicio de los nacidos en Ibiza—. Dicen orgullosos que albergan las mejores discotecas del mundo. Y no es mentira. Tratar de entrar a las presentaciones estelares, de cada año, es muy difícil. Como conseguir boletas para la final de un Mundial de Fútbol. Aforos de 5.000 personas. El costo de las boletas por las nubes. El teatro Jeroni ha sido escenario de la Primera batalla de DJs (face to face). Amnesia, Space, Bora Bora, encabezan la lista de las 10 discotecas *top*.

—Recibimos visitantes de Asia, América, Europa, de todo el mundo—, me dijo Rafael De Siria, jefe de Prensa de Pacha. Uno de los templos de la música en la isla. Un espectáculo con varios ambientes. Acoge público de todas las edades.

Gracias a la tranquilidad, a las rutas del senderismo y a la exótica naturaleza. En Ibiza se dan cita anual decenas de clubes de ciclistas.

Esta isla fue cruce de civilizaciones. Está abierta para descansar y sentir el Mediterráneo bajo un cielo soberbio.

6. En Málaga no hay estrés

Alegre, bulliciosa, soleada. Málaga no tardó en conquistarme. Tiene historia, gente amable, rincones bellos. Capital de la Costa del Sol. Sede de la obra militar musulmana conservada más importante de España.

Salí de Madrid a las 8:30 a.m. El tren recorrió en solo dos horas y media, los quinientos cincuenta kilómetros que la separaran de la estación ferroviaria María Zambrano. Ubicada en el corazón de la ciudad de Málaga, en la comunidad de Andalucía, a orillas del Mediterráneo.

La Alcazaba era visible en lo alto de la montaña. En el corazón de la ciudad. Fue lo primero que me atrajo. Es la joya de la ciudad. Fue palacio. Fortaleza de los gobernantes musulmanes. Construida en los siglos XI y XII. El recorrido puede durar horas. Escuchando las explicaciones del guía. A mí me transportó a la presencias árabe en la península.

Fue levantada encima de restos de edificaciones fenicias. El teatro romano es el más antiguo de España. Me dicen que fue descubierto recientemente.

Al lado de la Alcazaba se encuentra el Castillo de Gibralfaro. En lo alto de la montaña. Abajo se esparce la ciudad y se divisa el puerto. Es una de las mejores vistas de la urbe.

Málaga invita al visitante a conocerla. Caminar por sus calles es un deleite. Larios es la principal arteria comercial. Almacenes, oficinas y buenas heladerías. Con el gentío fui caminando y conversando con el guía y mi mujer. Me llevó hasta la Plaza de la Constitución el pasaje del café Chinitas, —que inspiró el poema "Café Chinitas" de García Lorca— y la Catedral.

En Málaga se está bien en todas partes. Me agrada ir a caminar por la zona de Pedregalejo. Sentir el mar y hablar con los pescadores. Comer en un chiringuito. Entrar a un restaurante. No olvido el día que estaba haciendo un reportaje con vecinos del barrio. Eran las once de la mañana. Sol a toda. Me daban sus impresiones de cómo se vive en Málaga.

—Todos los días nos reuníamos para conversar. Tomarnos una caña. Un fino o unos vinos—, dijo uno. Eran unos nueve jubilados. Estaban sentados uno al lado del otro. De frente al mar.

—Lo mejor de Málaga es el clima— expresó otro.

—En Málaga no se conoce el estrés— dijo el tercero. Antes de encender su cigarrillo.

Mi esposa filmaba. Yo preguntaba. Nos acompañaba una guía de la oficina de turismo de Málaga. Yo me desplazaba de un lado a otro. Interrogándolos. Al azar. Sin guardar orden alguno. Le pedía opiniones a los señores. Intenté acercarle el micrófono al cuarto entrevistado. Uno de ellos dio un grito. Dijo:

—¡Pero si tú también te llamas Enrique Córdoba!

Me sorprendí. Él leyó mi nombre en la escarapela de mi camisa. Sacó su identificación. Demostró que efectivamente tenía el mismo nombre. Era mi tocayo en Málaga. Nos abrazamos. Prometimos volvernos a ver. Cultivar una amistad.

Los siguientes conceptos que me dieron los amigos de la playa sobre Málaga me parecieron determinantes:

1) La ciudad no tiene problemas de contaminación.

2) No hay dificultades de tránsito vehicular.

3) La inseguridad tampoco es problema.

4) La gente es hospitalaria.

Unos metros más adelante, sobre la arena, en una barca de madera, en la playa, encontramos a Javier. Famoso asador de espetos de sardinas. Sostiene que él es heredero de la cachucha que perteneció al escritor Ernest Hemingway. Con esa cachucha siempre cubre su cabeza.

Muy cerca los Baños del Carmen, a orillas del mar, entramos a un restaurante que abrió sus puertas desde 1928. Mientras comimos la gente se bañaba en el mar. Otros tomaban sol. Recuerdo el menú: porra antequerana, chanquetes con pimientos asados y arroz caldoso de langostino. De postre, coulant de chocolate con helado de vainilla. Vino de la región. Gastronomía para chuparse los dedos.

La ciudad andaluza de Málaga está espléndida. Hacía siete años que no la visitaba. La encuentro mucho más pujante. La remodelación del puerto le cambió la cara, le dio vida, embellecimiento y uso ciudadano. Le aportó otra dinámica al Muelle 1: comercial, de ocio y de cruceros. Ahora es un puerto con glamur. La bahía luce más amplia.

El Muelle 2 o Palmeral de las sorpresas. Vi gente disfrutando desde ese lugar, de los colores del atardecer. Al lado el Cubo del "Centre Pompidou", sede del Centro Nacional de Arte y Cultura.

Ahora las caminatas por la ciudad están conectadas: el clima, la luminosidad y su sol 320 días del año, son codiciados. Se ha convertido en el Caribe del Mediterráneo.

Otro de los grandes atractivos de Málaga es la amplia oferta cultural. Tiene 37 museos. Dos dedicados a Picasso. El Centre Pompidou Málaga, el Museo Ruso-Colección San Petersburgo, el Museo Carmen Thyseen, el Museo de Málaga, el Centro de Arte Contemporáneo, el nuevo Museo de Málaga, el Museo del Automóvil y de la Moda, y otros. "Tengo 94 autos de tres siglos bajo un mismo techo—, me dijo Joao Magallanes. Fundador y dueño del museo del Automóvil.

"Un Packard igual a este, fue coche oficial de la Casa Blanca en 1930", me mostró el portugués. Orgulloso de su colección.

Si lo que buscas es mar, a solo diez minutos del centro de la ciudad está la Playa de La Malagueta. Entre el Puerto y la Playa de La Caleta. Ideal para tomar baños de sol y transitar por su paseo marítimo.

Otra opción. Ir más al este, a la popular playa de Pedregalejo, antiguo barrio de pescadores, donde también se come bien.

En 20 años Málaga logró convertirse en uno de los principales atractivos turísticos de Andalucía.

El aeropuerto es el tercero de la península y recibe 17,2 millones de pasajeros al año.

Málaga vive un boom turístico. 176 ciudades del mundo tienen conexión aérea con Málaga. Hay 30 vuelos diarios desde el Reino Unido.

—Ciudad de cero criminalidad y bajo desempleo—, declaró el concejal de turismo Julio Andrade. "Tenemos un buen producto pero poca gente lo conoce", me asegura. Málaga está de moda.

Visité el Museo de Málaga. Me impactó el cuadro titulado: "Y tenía corazón", pinta la cirugía a una prostituta. Una señora a mi lado me llamó la atención para que notara la existencia de una perspectiva especial. Permite ver un desplazamiento de la cama, a medida que se observa el óleo desde los lados. Hice caso a su observación. Me devolví. Le tomé fotografías desde otros ángulos. Luego vi en la pared un cuadro poco conocido. El genial Picasso lo pintó a los 14 años, cuando vivió en La Coruña. Es un museo espectacular. Uno de los más visitados de Málaga. Ciudad cultural que se disfruta.

"En Málaga hay dos tipos de vinos generosos: de aperitivo y de postre. Se elaboran con uva pedro ximénez y moscatel. Blancos, rosados y tintos de las sierras de Málaga". Lo explica Julián Sanjuán, sommelier del restaurante "Los Patios de Beatas". Disfrutamos la porra antequerana. Se diferencia del gazpacho es que cambia la textura. Le añaden migas de pan blanco. Uno es bebible, la porra es más cremosa, espesa y se saborea con cuchara. Un ingrediente importante es el helado de mandarina.

"En Málaga se come buen marisco y boquerones. Se vive a gusto", afirmó Pedro Gutiérrez, en su chiringuito del Paseo Banderas.

Hans Christian Andersen, el escritor danés, en uno de sus viajes por Andalucía en 1862 dijo: "en ninguna otra ciudad española he llegado a sentirme tan dichoso y tan a gusto como en Málaga". Es algo muy cierto. Todos experimentamos una sensación de estar a gusto en esta ciudad que invita a caminar, vivir y sentir.

7. Costa del Sol, una experiencia soñada.

Las playas. Los pueblos blancos. La historia. Las sierras. La gastronomía. Las tradiciones de la gente y el paisaje, hacen de la Costa del Sol una experiencia soñada para visitarla. En Málaga alquilamos un automóvil. Salimos a recorrer lugares imperdibles de la Costa del Sol.

Caminito del Rey fue el primer destino. Es un impresionante cañón al pie del río. Las paredes de las montañas son casi verticales. El recorrido es de 7.7 km, se hace en dos horas y media sobre una pasarela de un metro de ancho y cien metros de altura. Está construida en las paredes del desfiladero de los Gaitanes. Entre los municipios de Ardales y Alora, en la provincia de Málaga. Es una excursión desafiante. Maripaz, mi esposa, caminaba despacio tomando precauciones. Yo andaba más rápido. Escondía mi miedo, tomaba fotografías, hablaba. En el trayecto uno se va topando con muchos grupos de caminantes. Respetando las medidas de seguridad, las recomendaciones de los guías, la excursión se desarrolla sin inconvenientes. Pone al turista en contacto con bellos parajes de la naturaleza. Una aventura que no se olvida.

Nerja parece un pueblo inglés por la cantidad de ingleses que decidieron irse a vivir en este municipio de la Costa del Sol. Tiene 22.000 habitantes y está localizado a 50 kilómetros de Málaga capital.

Conduje el auto desde Caminito del Rey hasta la playa de Burriana. Teníamos cita allí para comer —como dicen los españoles al almuerzo—. Con María Piedrola, guía de la Oficina de Turismo de Costa del Sol. Llegamos pasado el medio día. La playa estaba atestada de familias y turistas disfrutando del sol.

En la tarde fuimos y exploramos las maravillas de las Cuevas de Nerja y la "Catedral de Piedra". Antiguo yacimiento de arte rupestre.

No podíamos perdernos de ver el mirador del Balcón de Europa.

—El nombre Balcón de Europa fue propuesto por el Rey Alfonso XII. Visitó esta ciudad en 1885 a causa de un terremoto. Quedó alucinado y bautizó el mirador con este nombre.

La más imponente vista del Mediterráneo. Nerja es un lugar idílico para quedarse varios días.

Ronda irradia una belleza diferente. Es el tercer destino más visitado de Andalucía.

La foto que más lo identifica es el Puente Nuevo. Entró en servicio en 1793. Su altura es de 98 metros de altura, sobre el río Tajo.

Nuestro recorrido por la ciudad comenzó por los jardines, frente a la Iglesia de La Merced.

Pasamos al mirador de la Alameda del Tajo, uno de los sitios más visitados. Es imponente la panorámica de la depresión.

—Abajo vemos el Tajo— dijo Isabel Melgar, la guía. Siguió explicando: al fondo se aprecia la serranía y la meseta de Ronda. La representación de la agricultura popular: olivares y viñedos. Cereales y vistas que son una espectacular ventana a la naturaleza.

Bordeamos el "Parador Turístico" al lado del precipicio. Pasamos por el "Paseo de Hemingway". Detrás el de Orson Wells. Personajes norteamericanos que acudían a las corridas de toros de Ronda.

La plaza de toros de Ronda pertenece a la Real Maestranza de caballería de España. Es la más antigua de la península", dijo la guía. En el siglo XVIII se organizaron las primeras corridas de toros en esta plaza, con capacidad para 5.000 espectadores.

Ronda es la cuna de dos dinastías de toreros. Los Romero. Pedro es uno de los de mayor renombre. En su honor le celebran un homenaje todos los septiembres: las corridas goyescas. La otra familia son los Ordoñez con Cayetano y Antonio, su hijo. Hoy día, Francisco Rivera, su nieto y Cayetano han continuado la tradición y siguen toreando en esta plaza.

Mijas es uno de los más bellos pueblos blancos de Andalucía. El tercero, por población, (80.000 habitantes), de la provincia de Málaga.

Sus orígenes se remontan al tiempo de los tartessos. Trajeron los caballos. Cautiva al visitante por su centro histórico. El estilo de sus viviendas blancas amontonadas sobre la sierra. Las callecitas y la vista panorámica. Las historias de la gente y las delicias gastronómicas. Conserva joyas arquitectónicas como la Plaza de toros ovalada, antigua y con una vista sobre el Mediterráneo. Además de Mijas Pueblo, son dignos de visitar Mijas Costa y La Cala de Mijas. Aquí conocí a Daniela, una belga que se enamoró de Mijas hace 35 años y no regresó a Bélgica. Se quedó y abrió su tienda de modas: Kocotrino. Su hijo Nataniel es propietario de Koco bistro-tapas. Comimos con gusto todo lo que pedimos de la rica cocina, al cuidado de una uruguaya.

Por fin llegamos a Marbella. Emblema del litoral. Pueblo de profundas raíces marineras. Una joya turística. Pasó de ser pueblo de pescadores a transformarse en el Miami Beach de la Costa del Sol.

Su casco antiguo es precioso. De los balcones de las residencias del callejón de la Virgen del Dolor cuelgan ramilletes de arreglos florales.

—En esta calle se establecieron las familias cristianas después de la reconquista. Los musulmanes fueron expulsados en el siglo XV. Se repobló de cristianos—, dijo Natalia López, guía de la oficina de turismo.

—Las rejas de las casas son expresión de riqueza—, explicó López.

—También era una forma de proteger el dinero y las personas del bandolerismo del sur de España, en aquella época— agregó.

Hoy es paraíso de la familia real de Arabia Saudita. Millonarios rusos, españoles y otros. Entre Marbella y Puerto Banús llama la atención "La Milla de Oro". Un paisaje urbanístico de ensueño. Con torres de apartamentos, negocios y chalets de lujo. Se trata de uno de los sectores más exclusivos del Mediterráneo español.

Al entrar a Puerto Banús, se nota el nivel de glamur. Hay ambiente de celebridades y en las noches los restaurantes y las discotecas son la atracción. En las avenidas más rumba. Ruidos de Maseratis y otros autos de alta gama.

Viaje para repetir de una semana por Málaga Capital. Las ciudades y playas de la Costa del Sol, encanta y respalda el crecimiento turístico. Todos los años rompe récord de visitantes. En Andalucía: 28,5 millones en 2017. 1.3 millones en Málaga Capital. 12,5 millones en la Costa del Sol, durante el año 2017.

8. Los helados de Calabria

Si vas a Italia nunca dejes pasar la hora del almuerzo. Te costará caro y en muchos casos quedarás descontento.

Luego de muchos viajes a Italia, descubrí que estaba cometiendo un error. Me levantaba tarde. Desayunaba tarde. Salía a hacer turismo después de la media mañana. ¿Qué sucedía? A la hora en que los italianos almuerzan, yo estaba con mi estómago lleno. Había desayunado hacía poco tiempo. No tenía hambre. Seguía paseando. Cuando se me antojaba buscar dónde comer solo estaban abiertos los restaurantes para los turistas. No son los mejores.

Un día estaba en Roma. Alrededor de la estación Flamingo, cerca de la Piaza del Popolo. Me disponía a ir a visitar al veterano periodista colombiano Álvaro Galindo. Corresponsal de Radio Caracol de Colombia, en Roma, desde hacía 40 años. Era medio día. Atravesé una calle en arreglos. Vi varios obreros con sus cascos y uniformes amarillos. Se dirigían a almorzar a una *trattoria*. Entraron. Nosotros entramos detrás de ellos, nos sentamos en una mesa a su lado. La camarera se acercó primero a la mesa de ellos. Pidieron su almuerzo. Les trajeron un plato. Me gustó su apariencia. Luego la camarera vino a nuestra mesa.

—¿Qué van a comer? — preguntó.

—Lo mismo que ellos— le dije.

Auténtica delicia de la cocina italiana. Pedimos una jarra de vino de la casa. Precio de la comida, menor de quince euros.

Desde ese día no dejo que se me pase la hora del almuerzo. Busco y almuerzo con los italianos, así como bien y al precio que pagan los italianos de a pie.

A unos 130 km al sur de Roma desde la autovía vimos sobre una colina de 500 metros una enorme edificación. Me llamó la atención desviarnos. Al subir quedamos deslumbrados. Estábamos frente a la abadía de Montecasino. De gran magnificencia. Fue reconstruida con artistas traídos de Amalfi y Constantinopla.

—Primer monasterio de los benedictinos. Santo Tomás de Aquino fue el más célebre alumno en el año 1349, nos dijo un sacerdote que estaba de turno.

—Fue saqueado por las tropas de Napoleón. Escenario de batallas al final de la Segunda Guerra Mundial.

Nos despedimos del cura. Muy amablemente nos dejó recorrer la biblioteca, la iglesia y recovecos. Tomé fotos desde ese cerro privilegiado.

Una hora más y llegamos a Nápoles. Su desorden y su historia. Gente alegre y muchas cosas para apreciar, empezando por el Castelo Novo. La vida marítima de Nápoles es infinita. Aquí todo conquista al visitante. El arte, la gastronomía, los helados, la confección, las iglesias, los palacios y los negocios.

Esa noche dormimos en el Hotel Poseidon, de Positano. La extraordinaria vista desde el balcón de la habitación pagaba el valor del cuarto. El administrador tuvo una cortesía con nosotros. No la esperábamos. Nos hizo disfrutar más aún la estadía.

"John Steinbeck fue uno de los escritores que ayudó a que se conociera este lugar en Estados Unidos". Lo dijo Stefano Agostino, "manager" del Hotel Poseidon. Nos hizo un generoso descuento en el hotel los dos días que nos alojamos allí.

"Positano te marca. Es un lugar de ensueño que no parece real mientras se está allí. Se hace real en la nostalgia cuando te has ido", escribió el autor de "Las uvas de la ira" en mayo de 1953 en el Harper's Bazaar.

En la mañana del día siguiente recorrimos las calles. Quebradas, sinuosas, empinadas y angostas. Vimos las rocas, la ensenada con las playas. Han convertido a Positano en uno de los pueblos más hermosos y visitados de la costa amalfitana. Desde los tiempos de la Roma Imperial.

Dia tres: Positano-Salerno-Paestum. Entraba la noche. La gran sorpresa fue encontrarnos en Paestum. Con templos griegos del mismo estilo del Partenón de Atenas. Iluminación de impacto. Escogimos el "Hotel Dei Templi" para dormir. A la hora del desayuno nos pusimos a hablar con los dueños. Una pareja joven. Descubrimos que uno de los propietarios, Piero Stromillo, es un italiano. Residía en Caracas. Hacía poco había tenido que regresarse al país de sus padres ante la crisis de Venezuela.

—Ese edificio conserva los impactos de artillería de los enfrentamientos en 1943. Entre los marines norteamericanos que desembarcaron en las playas de Paestum sacaron a las tropas alemanas durante la Segunda Guerra Mundial— explicó Stromillo.

—Los templos de Paestum son destino de viajeros. Lo descubrió Wickelmann en 1761, fundador de la historia del arte.

Stromillo precisó que a pocos metros de su hotel desembarcó la Unidad 36 de infantería de Estados Unidos, ejército de los Aliados. Obligó a los alemanes a huir hacia Nápoles luego de resistir por 24 horas de combates.

Recorrer los campos de Salerno por senderos secundarios es como viajar por las zonas rurales de cualquier país de América Latina.

En cambio el desplazamiento por la autopista A3 es seguro. Permite verificar dos cosas: uno, el respeto de los camioneros por el uso de sus rutas. Jamás obstruyen la vía rápida. Segundo, la cantidad de modernos túneles, viaductos en construcción o terminados. Están reemplazando viejos túneles para cruzar las montañas de los Alpes italianos.

"Me asombra ver tantas obras de ingeniería en desarrollo en medio de la crisis que padece la Unión Europea", comenté al regresar a Viterbo, en el Lacio, al empresario Donato Protano. "Los italianos somos muy dados a los túneles", respondió. "Si vas al norte encontrarás muchísimos más", aseguró el empresario. "Nos encanta hacer túneles", aseguró.

Luego de pasar por un lado del valle del Silencio nos detuvimos. Almorzamos en Scalea, un bello pueblo de mar en la provincia de Cosenza.

La gran sorpresa nos la dio el propietario del hotel Altafiumara. Un antiguo castillo en Villa San Giovanni. Llegamos por la Strata statale de la tirrena inferior. El dueño nos recibió esa tarde. Nos hizo un tour por las 16 hectáreas de jardines, piscina, spa y terrazas.

—Esta noche se van a Scilla, un balneario aquí al lado, bohemio, visitado por artistas y nórdicos atraídos por su belleza. Tiene vida nocturna. Verán el faro sobre el castillo Ruffo. Llegan al bar Zanzíbar. Se toman una copa. Escuchan piano y conversan con su dueño, —recomendó el hotelero.

—Mañana vayan a conocer Reggio di Calabria. A una hora de aquí. Nuestro amigo hotelero nos compartió una anécdota. Un suceso ocurrido en el aeropuerto Kennedy de Nueva York. Al final lo que trató fue de convencernos de que los mejores helados del mundo son los de Reggio.

—Que bien que se hable de nosotros, —expresó el hotelero. Hablábamos de nuestro trabajo de cronistas de viajes. El sur tiene muchas bellezas pero en Italia el sur no existe, afirmó.

Luego de una larga conversación anunció que se iba a un pueblo cercano donde vive con su familia. Llamó a un empleado.

—Lleva a estos amigos a la habitación— le dijo al camarero.

—Les tengo una cortesía— nos dijo al despedirnos.

—Francesco nos va a brindar una botella de champaña—, comenté a Maripaz.

Cual sería nuestra sorpresa. Lo que nos dio Franceso fue la suite presidencial. Enorme como un apartamento, lujosa cual si fuera un palacio romano. Dotada de sala, comedor y dos baños con tina de mármol. Grifos de oro. Oficina elegante y completa. Escritorio, sillas y vista al mar. Decoración interior fastuosa. Impecable. Esculturas sobre dos columnas de un metro de alto. Cuadros en las paredes con óleos originales. Figuras de cristal. Adornos. Éramos como dos niños abriendo juguetes nuevos.

—Para que veas la suerte de "El Marco Polo"— le dije riendo a Maripaz.

Abrimos la ventana del cuarto principal. ¡Qué vemos! El mar. La vista del estrecho de Messina. Anchura 3 kilómetros. Separa la isla de Sicilia y la Italia peninsular. Es el paso de los barcos, lanchas y cruceros que navegan del Mar Jónico al Mar Tirreno.

Prendimos el auto y cenamos en Scilla. Muchos bares y restaurante con banderas de Suecia, Noruega, Dinamarca y Alemania. De allí procede la mayor parte de los visitantes en verano. Desde la orilla de la costa tirrénica se divisa en lo alto de la roca, el Castillo de Ruffo. Torre sarracena o árabe, de la época medieval. El barrio Chianalea presenta una de las vistas más hermosas de Italia. En agosto los chianelenses celebran la "Feria del pescado".

—La 'Ndrangheta es parte de la vida de aquí—, confesó el hombre que tomaba cerveza a nuestro lado en la barra del bar, en La Scilla. El caserío pintoresco que Montesano nos recomendó visitar. "Son muchas familias. Se casan entre ellos. Hay aldeas donde todos los varones forman parte de la 'Ndrangueta". "Nada se mueve sin ellos. Los contratos, las licencias, la política". "Sus ganancias equivalen al tres por ciento de la economía del país". Si van a San Luca— nos dijo el bebedor de cerveza—. Busque el aviso del pueblo. Seguramente está agujereado por las balas. Es un aviso. Aquí no se habla de eso.

Nos fuimos al hotel, convencidos de que debíamos volver de día, a La Scilla.

Esa noche fue mi noche, como cantó Olga Guillot. Aun cuando dormí poco. La curiosidad mató al sueño, al cansancio del viaje de todo el día. Estuve horas inspeccionando la biblioteca y dando vueltas en la suite.

Amaneció y un nuevo día. Nos enrumbamos a Reggio di Calabria. A menos de una hora de recorrido en auto, ya estábamos en la capital. Tierra de la Magna Grecia. Lo más valioso que ver son los Bronces de Riace, en el Museo Antropológico. Dos estatuas de bronce griegas, de dos metros de altura. Representan a dos hombres de belleza casi perfectas, posiblemente, guerreros. De origen heleno del siglo V antes de Cristo. Esculpidos en Atenas. Dicen los estudios que posiblemente iban con destino a Roma y la embarcación en que viajaban naufragó.

Caminamos por el malecón. Visitamos plazas, la catedral y edificios de valor histórico. Nos dijeron que el olor de la planta que no conocíamos y era popular en Villa San Giovani, era la bergamota. Patrimonio botánico local. Nos sentamos a la sombra de un árbol. En la esquina de un parque a probar helados.

—Francesco tenía razón— comentamos. Los helados estaban deliciosos. Uno se come uno, y otro y otro, y quiere seguir.

"En esta ciudad nació Versace". "Su mamá empezó de modista y el arte pasó luego a él", nos comentó un joven. Formaba parte de un grupo de muchachos. Disfrutaban de la brisa de la tarde en el malecón de 1.7 kilómetros. No podíamos dejar de tomar "El Greco di Bianco", uno de los vinos de postre más reconocidos de Italia. Comer quesos curados. Asados de carne de cabra. Y uno de los platos típicos de Reggio, la rosamarina. También conocida como el "caviar del sur", es una sardina con guindilla. Servida con aceite de oliva extra virgen, setas, salsa de tomate y berenjenas.

Una joven de apellido Doria vivía cerca de mi casa en años de adolescencia. Me dejó ver libros de fotografías de Italia. Su familia los había traído a Lorica. Mostraban paisajes de Calabria. Vi por primera vez esos pueblos hermosos, empinados, al pie de los acantilados. Tomas de las vendimias. Cultivos de olivos centenarios. Los caminos que terminaban en los puertos despertaban en mí la curiosidad. Una ilusión por llegar hasta allí. Conocerlos algún día. Yo soñaba con ser trotamundos. Viajero.

9. *Mangiare* en la bota italiana

Salimos del Hotel en Villa San Giovanni, a orillas del Estrecho de Messina, a las ocho de la mañana. Subimos a la vía SP6 que nos conectó con la SP3. En Bobalino tomamos la E90 y bordeamos la costa calabresa en la base de la "bota italiana". Entramos a Corigliano Calabro, provincia de Cosenza. Cuando vimos el letrero que anunciaba Provincia de Basilicata, buscamos donde comer.

—Policoro es la tierra de las naranjas y los kiwis—, nos dijeron en el restaurante. Aquí están las ruinas de la antigua Heraclea, ciudad de la Magna Grecia. No había tiempo para más. Nos quedaba la mitad del camino y deseábamos llegar con la luz del sol. Seguimos sobre la E90, en territorio llano, con las aguas del Golfo de Taranto, a la derecha.

Llegamos a Bríndisi a las cinco y media de la tarde, después de recorrer 450 kilómetros. Uno de los centros económicos más importantes de La Puglia, tacón de la bota italiana.

Aqui en Bríndisi había estado yo hacía cuarenta años. En mis tiempos de mochilero.

Ahora dejamos el auto en un estacionamiento. Nos dedicamos a ver la ciudad.

Al llegar al puerto invité a responder a unas preguntas a un marinero. Estaba con su amigo en una lancha. Al final de la entrevista me invitó a tomar vino en su bodega.

Era el capitán Rino Scarano que acostumbra amarrar su yate en el puerto de Bríndisi. Frente a la plaza donde está la casa donde expiró Virgilio. El autor de La Eneida.

Cuando no está navegando a Montenegro, Albania o Grecia, Rino se mantiene en "Cantine due palme". Donde vende sus vinos que han ganado premios nacionales de buena calidad.

El poeta romano Virgilio venía a Bríndisi de regreso de Atenas. Antes de morir pidió al emperador que destruyera La Eneida escrita en el 29 A.C. Augusto no lo hizo. Hoy es una joya de la literatura latina.

—Empecé a navegar a los 10 años viajando a Corfú —me dijo el capitán Scarano. Fui testigo de la llegada de 2 millones de albaneses a Bríndisi en 1990. Escapaban del régimen del dictador Hohxa.

Compartimos agradables momentos esa noche junto a su esposa. Comimos rebanadas de chorizo. Queso de leche de oveja. Aceitunas jugosas y pan acabado de salir del horno. Luego hicimos un tour nocturno por el laberinto de calles, museos y plazas.

A la bella Bríndisi la bautizaron como "la Puerta de Oriente" por su ubicación en el Mar Adriático y sus invasiones de cretenses, griegos y bizantinos.

Domingo en la mañana en Bríndisi. Una ciudad de 89.000 habitantes. Puerto donde estuvieron Ghandi, Cicerón, Virgilio. Capital de Italia en 1944, durante la II Guerra Mundial.

—Esta es tierra de buen *mangiare*, vinos y aceite de oliva—, repite el capitán Scarano.

Antes de realizar una nueva incursión por los pueblos y puertos de la parte más profunda del sur italiano, fotografiamos el tramo final de la vía Apia que comunica con Roma. Era la principal ruta comercial de Roma con Oriente y Europa Oriental. Tiempos del Imperio Romano.

Subiendo las escalinatas de la plaza una imponente columna romana. En la pared de una casa una placa dice: "Aquí residió y murió el poeta Virgilio en el 19 a.C."

A unos pasos está el Palazzo Granafei Nervegna. Guarda el capitel auténtico de la columna romana. "Aquí estuvo Cicerón en su viaje al exilio", se lee en la guía para los turistas. El jurista, filósofo y orador romano fue hospedado por Lenio Flacco, gesto que puso en peligro la vida del brindisino. Cicerón agradeció la hospitalidad en una carta del 58 a.C.

Entre el mar Adriático y el mar Jónico, al sur, la provincia de La Puglia. Es una joya que como ellos dicen "es el secreto mejor guardado" del sur de Italia. Sus costas se conservan intactas. Mar azul y transparente. Sus playas invitan al disfrute de la vida.

La recorrimos palmo a palmo por vías secundarias y caminos comunales. Llegar a la Punta Meliso, en Leuca. La última población del tacón de la bota italiana. Lugar que pocos, inclusive italianos, han visitado.

La provincia de La Puglia tiene calas y pueblos. Al llegar asombran por la riqueza artística, ruinas, la belleza de los puertos y los monumentos históricos.

Galípolis, fue griega y romana. Reedificada por los bizantinos comandados por Belisario, vivió tiempos de esplendor en el s.XVI durante la llegada de los aragoneses desde España. Posee murallas muy parecidas a Cartagena de Indias. Cocina exquisita. Atracciones históricas por doquier.

Viajamos hasta Lecce. Otra ciudad con unos encantos turísticos formidables.

Para llegar a Otranto tuvimos que dar vueltas y revueltas. No solo por las vías en reconstrucción. El pésimo estado de los caminos entre pueblitos alejados de La Puglia. Atravesamos inmensos campos cultivados de olivares. Aldeas semi abandonadas. No se veía gente en las calles. Nos llamó la atención encontrar numerosos palacios y castillos en estado de abandono.

En esos pueblos fantasmas, que brillaron por su esplendor en siglos pasados, hoy no se ve a nadie.

Ostuni tiene 35.000 habitantes y una historia que se remonta a los mastrope, griegos, romanos y luchas contra los turcos. Le llaman el pueblo blanco porque todas las casas son blancas, sufrieron la peste y usaron cal como antiséptico.

Alberobello es otro pueblito pintoresco. Es un lugar escondido entre praderas y valles de olivos. El origen de los "trullos" se remonta a los años 1600. Son un estilo de construcción rural antigua de la región de la Apulia. Casas con muros de mampostería de piedra en seco con techos en forma cónica.

—Antiguamente los trullos eran aprovechados para evadir impuestos sobre la vivienda— me dijo Ignacio Colucce, un alberobellese que vi en la puerta de su casa a mi llegada al pueblo. Lo saludé y tuvo la gentileza de permitirnos entrar para conocer el interior de su trullo. Así pudimos conocer y tomar fotografías de esas casas por dentro.

De Bríndisi viajamos hacia el norte para llegar a Bari, donde entramos para comer y conocer. ¡Qué ciudad monumental y llena de viajeros!

Pescado, spaghetti alle vongole e insalata di mare fue nuestro pedido en "Il ristorante del Pescatore". Frente al Castello de Bari.

Callecitas estrechas como las medinas árabes. Mucha gente viviendo en apartamentos de antiguas edificaciones. La gente cuelga la ropa para asolearla en los balcones. Se pierde uno caminando por el barrio del puerto. Es como un laberinto por donde uno transita. Va descubriendo restaurantes, bares escondidos, iglesias con altares maravillosos, construcciones urbanas, plazas, muelles con lanchas y yates. De todo. Como un museo del arte. La prosperidad de ayer.

Nos acompañaron los buenos vinos, las aceitunas, el paisaje y las pastas. Son parte del legado de las diversas culturas. Por más de dos mil años han hecho del sur, un destino desconocido pero maravilloso de Italia.

El sur de Italia me cautivó. El cruce de culturas, los puertos, las estampas familiares, su geografía, la herencia griega, los olivares centenarios, las tradiciones de la familia, son imágenes que me quedaron grabadas.

Fui por primera vez al sur de Italia en tren, en plan de mochilero en los años setenta. Compré el tiquete de 21 días en primera clase de *eurail pass*. Ese boleto me dio el derecho de subir, bajar y subir, sin límites, en cualquier tren que pasara por los países de Europa. En uno de los recorridos fui hasta Bríndisi. Abordé el ferry en ese puerto del Adriático. Muchos iban en bicicleta, otros en autos. Yo viajaba solo con mi morral. El barco partió a las diez de la noche, con cupo completo. Navegó los 480 kilómetros por el mar Jónico. Rumbo al puerto griego de Patras. Desembarcamos en Patras a las ocho de la mañana.

Cuarenta años después llegué de nuevo a Bríndisi y a los pueblos de su provincia.

10. El verano en Florencia es una locura

Florencia es tan bella. Aún con el verano endiablado de julio y una horda de turistas desbocados, sigue siendo "la flor de las ciudades y la ciudad de las flores".

Los florentinos de hoy están pagando caro el privilegio de vivir en la capital intelectual y artística de Italia durante más de dos siglos.

Doce millones de turistas la bombardean anualmente con maletas, filmadoras y ruidos. Quebrándole la paciencia a sus habitantes.

Sus vías estrechas se transforman en manifestaciones inacabables de gente. No quieren morir sin haber ido, por lo menos una vez, a la cuna del Renacimiento italiano.

Son multitudes donde marchan como en una procesión, hombres y mujeres, niños, jóvenes y ancianos de todas las razas. Llegan de todos los rincones del mundo. Hablan en francés, chino, japonés, inglés o español.

Los atrae la grandeza de su arte y la genialidad de sus hijos: Leonardo de Vinci, Miguel Ángel, Dante Alighieri, Filippo Brunelleschi, Nicolás Maquiavelo y muchos otros.

Florencia es un lugar donde los turistas no cesan de suspirar por sus encantos. Sueñan en su pasado. Por momentos hay que detenerse para dar paso a un mini automóvil. Contrasta con la sombra de un callejón medieval.

Cada visita a Florencia es un encuentro con algo nuevo. La gente investiga. Se detiene. Estudia su pasado y su presente. Metro a metro.

Desde la estación del tren hasta la Plaza de Santa Croce, encontré a Florencia engalanada con vallas, afiches y pasacalles promoviendo 30 esculturas monumentales en la Piazza de la Signoria y 30 óleos en el palacio Vecchio, del pintor colombiano Fernando Botero.

¿Qué significa esto en su vida?

"Para mí ha sido un gran honor y una gran oportunidad poner mis esculturas en esta Plaza. Fui invitado por el Secretario de Cultura de Florencia y el Director de Bienes culturales, Sr. Paulucci. Bueno, estar cerca de las obras de Juan de Bolonia, Miguel Ángel, Benuto Cellini, de Ammannati, etc., es una gran oportunidad. Al mismo tiempo un gran compromiso".

¿Soñó usted exponer aquí?

—Bueno, hace muchos años, en el 54, 55, fui estudiante en esta ciudad. En los viajes hacia la galería Uffizi pasé muchas veces por la plaza de la Signoria. Es la plaza más importante de Florencia. Nunca me imaginé que llegaría este día. Jamás. Es el sueño de todo artista—, me dijo.

—¿Por qué en su obra predomina lo volumétrico?

"Yo pintaba con mi estilo en Medellín. Luego vine a Florencia. Estudié a los grandes maestros del Renacimiento: Giotto, Piero della Francesca, Mantegna, Masaccio. Son los principales creadores del arte florentino. Me dieron una gran influencia. Me entusiasmaron. Al mismo tiempo leí la obra de Berenson. Hace una gran apología del volumen en la pintura. Todo esto me llevó a interesarme en el volumen. Evolucioné hacia una forma personal de hacer las cosas. Viene de esa experiencia florentina".

—Veo a la gente en la plaza tomándose fotos al lado de sus esculturas, es esa la idea.

—Un público que nunca va a los museos va a encontrarse con el arte. La gente que va a los museos es una pequeña élite. De lo que se trata es de que el arte venga a encontrar al público. Esa es la originalidad de estas exposiciones. En Park Avenue en Nueva York. En los campos Eliseos de Paris. En los Recoletos de Madrid. Yo expongo en los sitios más frecuentados de la ciudad. Donde hay más público. Cuando me invitan a una ciudad yo exijo. Yo escojo el sitio donde quiero exponer. Yo quiero que el arte esté en comunicación con mucha gente. Yo voy al encuentro del público, no el público hacia mi arte.

—¿Cuál es el secreto de su éxito?

"Es muy largo el camino. 50 años de trabajo forzado. He trabajo todos los días de mi vida con gran aplicación. En esto hay que tener gran vocación. Amor por el arte. Una capacidad de trabajo muy grande. Cuando todo el mundo está paseando yo estoy trabajando. Es tal el placer por el trabajo que no me importa. Se necesita una gran dedicación y una gran vocación".

—¿Por que escogió a Pietrasanta para instalar su taller?

"La descubrí hace 25 años. Es una ciudad hecha a la medida para los escultores. Allí han vivido muchos. Entre otros, Miguel Ángel. Es una región que tiene mármoles maravillosos. Las fundiciones más grandes del mundo. Allí han vivido Henry Moor, Marino Marini, etc. Yo tengo una casa en Pietrasanta hace años".

—¿Recuerda a Colombia?

"Bueno, Colombia es una gran presencia en mi vida y en mi obra. Voy allá con frecuencia y tengo planes el próximo año para Medellín y Bogotá".

Florencia, la capital toscana, es la ciudad soñada. No solo por los pintores. También por estudiosos del arte. La arquitectura y la historia.

No es que los florentinos rechacen a los visitantes. Simplemente lamentan el crecimiento desbordado de turismo que la ciudad ha experimentado en los últimos años.

"El turismo indiscriminado ha perturbado nuestra vida", me confesó Elizabetha Valentino, fotógrafa florentina que nació y reside en vía Santa Croce.

"Con este pandemonium todo se ha encarecido", dijo. "Los taxis, la comida, los restaurantes, los almacenes, los servicios". "Precisamente estoy haciendo una serie sobre el síndrome del turista", anunció Valentino.

V

ENTRE CONTINENTES

1. De Beirut a Zahle y Baalbek

Esa noche de octubre hacía pocas horas yo había llegado a Beirut en un vuelo desde Dubái. Por la ventana de la cafetería del Hotel Phoenicia vi una movilización de soldados en la calle. Entraban custodiando el ingreso de la élite del gobierno libanés. Celebraban una reunión en el búnker del hotel. Allí lo han hecho históricamente en los últimos sesenta años.

—No lo hagas—, me dijo Thomas Figovc, chef principal del Phoenicia. Me impidió por seguridad tomarle fotos a través del ventanal a los dueños del poder del Líbano en ese momento. Tomar fotos representaba un peligro. Thomas me había citado en esa cafetería del hotel para coordinar mi visita a la ciudad. Una de mis misiones al Líbano consistía en hacer un reportaje al hotel con mayor tradición histórica, en el último medio siglo, en la costa del Mediterráneo Oriental.

Luego lo entendí. La reacción a mi instinto periodístico encerraba peligro.

Los gobernantes entraron al hotel protegidos por los cuerpos de seguridad. Solo quedó, en la mente, la estela de la acción sucedida. Y los comentarios.

Sentado en el puerto de Beirut ahora dejo volar la imaginación. Veo la época en que de este muelle salieron los barcos que cruzaron el Mediterráneo hasta Marsella, al sur de Francia. Barcos repletos de libaneses de todas las edades. Abandonaban sus tierras, sus familias. Confiados en la ilusión de un mejor futuro en las Américas. La promesa era atravesar el océano en cuarenta y cinco días. Empezar una nueva vida.

Viajando por el Líbano me reencuentro con el eco de la ciudad de Lorica. Poblaciones, recuerdos, comidas y personajes que me son familiares. Muebles de cedro, relojes de pared con un sonido característico al dar las horas.

Estuve olfateando lugares por Old Beirut. En esas calles, edificios, museos, galerías de arte, salas para fumar pipas de narguile y restaurantes. Percibí aires. Olores conocidos. Pierre Bachir, Ghassan, Rabih Hatem. (Primos de los Manzur Jattin de Lorica). Fueron mis amables guías. Estuvimos una tarde y una noche explorando Beirut, Sursok palace, Mar mechael, Gemayze y Asafit. Cerramos el tour en Lilys's café. Conversando. Disfrutando una pipa árabe.

Al día siguiente viajé 85 kilómetros desde Beirut en dirección noreste. Cerca de la frontera con Siria. Fuimos a conocer el escenario que fue santuario fenicio dedicado al Dios Baal.

Al volante, Marc Fayad. Quizá el mejor chofer que yo haya conocido. Condujo con velocidad y pericia curvas, cuestas y estrechos. Nos acompañó Jhonny Chehade. Otro de los "chef" del Hotel Intercontinental Phoenicia de Beirut.

En Chtaura se bifurca el camino. Si se sigue por la ruta de la derecha se llega a Siria en 30 km. Tomamos la izquierda. Al pasar por Ferzol, Jhonny, el chef, nos invitó a entrar a su pueblo. Eran las 10 y media de la mañana. Su mamá, Josefine nos recibió con calidez bajo las parras de uva, sobre el techo del espacio de parqueo de su casa.

—Siéntense— dijo. Y nos acomodó alrededor de una mesa bajo el parral. Fue a la cocina. Regresó con platos de la gastronomía libanesa: mutabal, hummus, lavni, kibbe, yogurt, uvas, pepino, pan y arak. Al final, un buen café. En minutos sentí el cariño. La hospitalidad natural. Es algo propio de los libaneses.

Nos despedimos de la mamá de Jhonny Chehade. Salimos con destino a Baalbek. A los pocos minutos vimos una carretera muy transitada con siete puestos de control del ejército. Maripaz y yo nos miramos. Acabábamos de caer en cuenta de algo crucial. Habíamos dejado los pasaportes en la caja fuerte del hotel. Por esos días se libraba una guerra al otro lado de la montaña, en Siria. Creaba caos. Crisis. Tensiones. Problemas de seguridad.

—La guerra ha expulsado de dos a tres millones de refugiados sirios al Líbano—, manifestó Marc, el chofer.

Nos encomendamos a San Juditas de Brickell para que las autoridades no pidieran los pasaportes. Continuamos. Tuvimos suerte. Al final nadie nos detuvo. Ni a la ida. Ni en la noche, de regreso.

Baalbek es la ciudad de los Dioses. Es el conjunto de ruinas romanas conservadas más grande de la humanidad. Curioso. Las grúas de hoy levantan solo 1.200 toneladas. Estas piedras de la plataforma que están aquí pesan 1.500 y 2.000 toneladas. ¿Cómo lo hicieron? La respuesta es un misterio.

Son tan gigantescas. Los seres humanos a su lado nos vemos como hormigas.

Baalbek fue santuario fenicio, griego. Después, colonia romana desde Augusto. Heliópolis, por el intenso sol.

Debido a las guerras y el paso de los siglos, este tesoro quedó en el olvido hasta 1751. Lo recuperaron Robert Wood y el dibujante James Dawkins.

Wood dice que es la obra de arquitectura más audaz que uno puede ver desde la antigüedad. Lo componen el Templo de Júpiter. De Venus. Del Dios Bacco, etc.

Dos horas con buena luz y temperatura otoñal. Fueron poco tiempo para caminar y tomar fotos.

En el viaje de regreso a Beirut entramos a Zahle. Una ciudad del valle de la Becá. La mayor proveedora de libaneses con destino a Lorica. Fuimos a la casa de Khalil Saker y su hijo Bchara. Vivieron en Lorica. Son parte de su historia migratoria. Fadi

Jattin, reside aquí en Zahle. Tiene un almacén. Lo mismo que hacía en el Sinú. Vive la cotidianidad social y política de Lorica. Nos llevó para que conociéramos la casa de los abuelos de la cantante colombiana Shakira.

La noche avanzaba y nos esperaba la carretera a Beirut. No fue impedimento para reunirnos en "Mr. Grill", un restaurante de cocina libanesa, con nuestros amigos de Zahle. De nuevo la mesa llena de delicias gastronómicas. Las horas pasaban. Seguíamos en tertulia entre plato y plato. Hablamos de los "turcos" de Lorica, de la política, de la vida en el Líbano. Por fin nos dimos abrazos. Nos despedimos. Emprendimos el regreso. A las dos de la madrugada, llegamos a Beirut. El lobby del Intercontinental aún era una fiesta.

No puedo olvidar el amor de Soraya Amin Salman, por Lorica. Compartimos con ella y su esposo horas y horas. Recuerdos entre uno y otro whisky en un bar de la explanada. Frente al Phoenicia. Soraya salió muy joven de Colombia, hace 42 años. Parece que siempre hubiese estado allí. Es otra que sigue viviendo, estando en Beirut, lo que ocurre en Lorica. Soraya guarda intactos los recuerdos de sus amigas de colegio. Habla de las calles, evoca sucesos de ayer como si los hubiese vivido hoy.

Por cierto. No vi ningún turista en el camino. Ni en Baalbek. Parece que somos los únicos enamorados del Líbano. A pesar de existir una absurda guerra a pocos kilómetros de Líbano. Nos aventuramos a viajar a un país donde uno se siente como en Lorica. Gente amable. Alegre. Elegante. Vive la diversidad.

2. Mi mejor amigo ruso tiene un diente de oro

Rusia: ni fría, ni fríos. Olviden los viejos estereotipos. Buena parte de la nueva Rusia goza de un alto grado de desarrollo económico y buen nivel de vida. A lo europeo. La otra parte se debate en el olvido del poder central. Al estilo de un país tercermundista.

Uril Ohotnikov es un taxista de Orsk. No habla inglés ni español, solo ruso. Y yo de ruso solamente sé levantar la copa de vodka y decir al brindar: "nasdarovia". Sin embargo, Uril es mi mejor amigo ruso. Nos conocimos accidentalmente en la sección de segunda clase del tren que abordé en Samara con destino a Moscú. En Samara fue donde se celebró el juego en el que Colombia derrotó a Senegal en el Mundial de Fútbol 2017. Compartimos el viaje de ochocientos kilómetros durante un día y una noche en un compartimento de dos metros de ancho, por dos de largo, por tres metros de alto. Una puerta para entrar y una ventana para ver el paisaje. Cuatro camas, dos arriba y dos abajo y una mesita al pie de la ventana para los cuatro pasajeros.

Uril era uno de los pasajeros de la cabina que me tocó en el tren. Los otros dos pasajeros eran un jovencito de Siberia y el empresario colombiano de Bucaramanga Arturo Mesa, mi compañero de aventuras y emociones durante el mes del Mundial de Fútbol, en Rusia. Uril se había embarcado en el tren en Orsk, una ciudad al sur de los Urales, que se encuentra entre Europa y Asia, a 1.800 kilómetros de la capital rusa. Viajaba a Moscú, según supe más adelante, con el propósito de conducir un taxi en la bella capital rusa. Era un hombre de unos cincuenta años de edad pero con la apariencia de uno de sesenta. La vida lo había golpeado.

El tren partió de la estación de Samara a la una de la tarde. Unos minutos antes buscamos nuestro camarote. Era visible que en el ferrocarril viajaban muchas familias de provincia. A juzgar por la vestimenta. Y los rasgos.

Ruso era el idioma que se escuchaba en literas y pasillos.

Al llegar a la puerta de la cabina que nos correspondía, encontré a un jovencito de unos trece años acostado, leyendo una revista en la cama superior de la litera.

En la cama de abajo, que en ese momento hacia las veces de sillón para dos, estaba sentado un hombre al pie de la ventana. Su mirada perdida por momentos se confundía con sus ojos verdes. Muy comunes en estas latitudes. De tanto en tanto los movía para fijarlos en sus pertenencias que había acomodado encima de la mesa. Una cajetilla de cigarros. Un paquete de galletas. Una botella de agua. Una cajita de fideos noodles, de esos a los que se les agrega agua caliente y se convierten en sopa, un tarro de café instantáneo y unos chocolates.

Saludamos y la respuesta fue como entre dientes, no se entendió.

Pensé que no habíamos tenido suerte con esa clase de compañero de viaje. En ese momento no existió comunicación. Ni en inglés, ni en español. Éramos unos extraños. Arturo y yo acomodamos nuestro equipaje. Dejamos afuera de las maletas las pijamas, los alimentos y el agua para consumir durante el viaje.

Recién arrancó el tren su lento, pesado, pero seguro movimiento en los rieles curtidos por el tiempo, entró la encargada del vagón con un impecable uniforme recién planchado. Una bella sonrisa y una belleza indescriptible.

Nos indicó que en el tren estaba prohibido caminar con zapatos. Segundos después abrió una caja y nos ofreció en venta pantuflas blancas de tela, a 200 rublos el par, unos tres dólares y medio.

—Por ese precio y con el logo de los trenes de Rusia, no está mal—, comenté. Compré las mías para que me quedaran de recuerdo del viaje.

Las primeras horas del viaje las consumimos en la lectura. Observando el camarote y siguiendo el recorrido del tren en un mapa. Mirando por la ventana los pueblos, las casas viejas y semi abandonadas. Los automóviles de la época comunista y los bosques del camino.

Los contactos visuales de indiferencia del comienzo, entre el ruso y yo, fueron bajando de intensidad. Él me brindó una galleta. Se la recibí y le di las gracias. Al rato yo le ofrecí papas fritas. Él me lo agradeció y dejó ver un brillante diente de oro. Al mejor estilo del tema "Pedro Navajas".

Por arte de magia los pasillos se transformaron en un poco habitual rodante parque infantil. El tren llevaba el cupo completo. Al ver tantas personas a mi alrededor me puse a hacer el siguiente ejercicio matemático mental. Diez cabinas con cuatro pasajeros, por vagón, por quince vagones. Resultado: viajábamos unos 600 pasajeros. Rusos en su mayoría. Un veinte por ciento de extranjeros casi todos aficionados al fútbol. Nos motivaba la pasión de asistir a los juegos de las 64 selecciones clasificadas para disputarse el torneo más importante del balompié del orbe.

No era un tren moderno ni confortable. El baño era grande, del tamaño de las cabinas de pasajeros. Por la ventana abierta y alta del lado que se divisaban los bosques entraba brisa que refrescaba el calor del verano. Como es usual en esta categoría, el tren tenía dañado el aire acondicionado.

Más tarde, Uril fue a la parte delantera del vagón, donde tienen una gigante tetera al lado de la cabina privada de la camarera y encargada de la seguridad. Esa tetera sirve para que los pasajeros puedan proveerse de agua durante el viaje y preparar el infaltable té ruso.

Llenó su termo de agua muy caliente y lo trajo a nuestra cabina. Dispuso unas tazas y nos ofreció café instantáneo que todos lo tomamos acompañado de pan con jamón.

Es tradición que aunque no te conozcas con tus compañeros de viajes, saques tu fiambre, lo coloques en la mesa y compartas.

Yo le hablaba frases en español pero el ruso no daba muestras de entender lo que yo le trababa de expresar. Le pronunciaba palabras en inglés y nada. Así que me dirigía al jovencito para que sirviera de intermediario en la comunicación. Con este método "made in Lorica", el niño le daba su interpretación y se la transmitía a Uril. "Esta vaina yo tengo que contarla", pensaba yo. "En mi infancia en Lorica jamás se me hubiera ocurrido pensar que viviría esta situación tan curiosa en el otro lado del mundo". Por ello documenté cada momento del viaje con fotografías y videos.

El tren seguía en dirección de este a oeste. Atravesaba sobre los rieles la geografía del país más grande del mundo.

Así fuimos viajando por Bezenchuk, Syzran, Novospassky y Nikolayevsky. Lugares que para un caribeño como yo, le aflojan los dientes con solo tratar de pronunciarlos.

Llegamos a Penza, casi en la mitad del recorrido y nos bajamos a estirar las piernas y respirar aire puro. Eran cerca de las cinco de la tarde. Observé gente haciendo cola en un quiosco. Compraban comida y botellas de agua fresca. En los estantes no vi algo que me interesara así que no compré nada y me subí de nuevo.

De regreso al vagón recordé lo que me había contado un gran amigo y colega del que hablaré más adelante. "...en la época soviética, cuando un tren paraba en la estación de una ciudad, la plataforma era rodeada de soldados del "Ejército Rojo" fuertemente armados, con cara de pocos amigos. Daban la impresión de estar dispuestos a disparar al menor intento de pasar.

A ningún pasajero le era permitido bajar a menos que tuviese permiso especial para eso. O que poseyese el registro domiciliario, (aún vigente) obligatorio para cada residente de esa ciudad o una localidad vecina". Hoy ni asomo de un solo soldado en la plataforma. ¡Qué libertad se respira!

Soy abierto a disfrutar estas aventuras y a enriquecerme con el acontecer de otras sociedades. Viví con agrado todo lo que sucedía en este viaje, en el extremo del planeta, donde poca gente viaja.

El tren continuó la marcha. Subí y me puse las pantuflas de tela que me había vendido la auxiliar.

El tiempo no corre cuando se viaja en un tren de segunda. Para matar las horas dejábamos ir la mirada viendo el paisaje. Seguíamos viendo los ríos, los puentes y las casas en los campos. Gente en los patios y maquinaria vieja abandonada cerca de la carrilera.

Yo miraba algunas cosas y trataba de transmitirle mis impresiones a Uril. En respuesta, él me manifestaba algo que yo creía comprender. Así seguimos por horas y horas. Cada uno opinaba de algo y el otro replicaba. Poníamos de nuestra parte. Creíamos descifrar lo que el otro indicaba. Era como un juego de buena voluntad, concebido para pasar el tiempo y entretenernos.

No me aguanté mi curiosidad. Me las ingenié para hacerle una pregunta a Uril. El por qué de su diente de oro. Habló orgulloso de su diente y se lo tocó con el dedo. Acudimos al traductor del teléfono y tuve la respuesta.

El diente de oro de Uril y el de las otras personas que vi en Penza, es una costumbre que viene de las clases más humildes de la sociedad rusa. Es un obsequio que se hacen las personas de los sectores bajos para demostrar su admiración y aprecio.

Le voy a ofrecer un diente de oro en su cumpleaños a mi mujer, le comenté a Arturo y le saqué una sonrisa.

Abrí el mapa y le mostré a Uril la localización de Colombia.

—This is my country— le dije, y él inspeccionó el mapa.

—This is my second country— agregué. Le señalé el mapa de Estados Unidos. Uril y el joven lo vieron con atención.

Luego Uril desplegó el mapa. Buscó el oriente entre los Urales y el mar Caspio y puso el dedo en Orsk, su ciudad.

Vi la dimensión de las distancias sobre el mapa y le dije a Arturo:

—¿Sabes que desde aquí es más cerca ir a Lisboa, que de aquí ir al extremo oriental de Rusia?

Ante la incredulidad de mi compañero de aventuras, consulté a Google y encontré: Penza-Lisboa: 5272 km. Penza-Vladivostok: 8587 km. Rusia, el país más grande del mundo, es gigantesco, tiene ocho husos horarios.

Más tarde, Uril escudriñó su cartera y entre tarjetas y papeles sacó un billete antiguo. El No. 903390 de 25 rublos de 1947. Lo tenía doblado, me lo pasó, lo detallé y vi la foto de Lenin. Expresé mi asombro al tener frente a mis ojos un billete que casi se deshacía en las manos. Hizo gestos indicando que me quedara con el billete. Era un souvenir. Me resistía a aceptárselo pero insistió. Lo recibí y lo guarde con delicadeza para que no se me rompiera. Empecé a buscar en mi morral tratando de encontrar algo para regalarle.

—Toma, esto es lo que te puedo dar como recuerdo de este viaje— dije, y le regalé mi libro "El Marco Polo de Lorica". Era lo único que tenía a mano.

El tren continuaba la marcha mientras crecía nuestra amistad. Nos tomamos unos selfies con mi cámara y con la suya. Anotamos nuestros nombres, teléfonos y direcciones para quedar comunicados.

A la hora de dormir no hubo dificultades. Nos pusimos pantalones cortos y camisetas. Nos acomodamos cada uno en un camarote y caímos en brazos de Morfeo. A la distancia se escuchaba que uno que otro pasajero abría y cerraba puertas. Iban con destino al baño. A la media noche solo se escuchaban los sonidos del tren. En el fondo el tra tra tra del tren sobre los rieles. En el vagón, cuarenta rusos roncando fuerte, produciendo sonidos raros, como si estuvieran en un concurso.

Al otro día, la gente despertó temprano. Los primeros armaron un tropel acudiendo al baño para lavarse y cambiarse de ropa. Momentos después fueron a conseguir una taza de agua caliente para el café o el té.

A esa hora el tren se había tragado tras de sí kilómetros y kilómetros. A las doce se detuvo en Moscú en la estación Krasnosel'skiy. Nos alistamos para despedirnos, tomarnos fotos y darnos el abrazo de despedida.

Uril se dirigió a buscar el metro que lo llevaría a su destino. El jovencito se había despedido temprano. En la mañana se fue para reunirse con su familia. Viajaban en un compartimento vecino. Nosotros abordamos el metro rumbo a Krasnogorsk.

Una tarde, haciendo un recuento mental de mis infinitos viajes por Asia, África, Europa y Oceanía, me encontré en los archivos de mi memoria y me puse a pensar en las incongruencias de este viaje propiciadas por mí. Sí. Yo que he venido a Rusia diecisiete veces, nunca en mi vida de trotamundos he hecho un viaje tan desordenado como este. Y tan loco, del sur al norte, al este, al oeste, centro. Me encuentro con gente en distintos lugares. Especialmente con aficionados al fútbol. Yo que empecé como diplomático he venido a descubrir al cabo de los años, que no hay mejor diplomacia que la del fútbol. Además de desordenado, viajé con las maletas muy mal organizadas. Cargué con ropa y zapatos que no correspondían a la temporada. A pesar de ello, fue un viaje lleno de aventuras. Sorpresas. Experiencias inolvidables. De las que no me arrepiento. Por el contrario.

Salí de Miami a Madrid. Ciudad donde tenía cita para encontrarme con Arturo Mesa. Empresario colombiano. El compañero de viaje. A su vez, Arturo había salido de Bucaramanga,

Colombia, con destino a la capital española. Llegamos al aeropuerto de Madrid-Barajas Adolfo Suárez, en la mañana. Nos recibió mi hijo, Carlos Enrique Córdoba Castillo. El vuelo de Madrid a Sochi, en Rusia, estaba programado para salir a las 7:00 p.m. Queríamos aprovechar las horas libres en Madrid, hasta la partida del vuelo. Carlos Enrique reside en Madrid hace dieciocho años y conoce el terreno. Nos dio un consejo.

—Váyanse a la estación de trenes de Atocha. —Dejan las maletas en una caja de seguridad. Así se pueden desplazar con comodidad.

Nos pareció buena idea. Aceptamos. Tomamos un metro. Dejamos el equipaje en la bodega de Atocha por unas horas. Llamamos, saludamos e invitamos a almorzar a un gran amigo en común, Diego Lozano. Vivió en Miami. Tuvo un restaurante emblemático de cocina ibérica. Ahora es un embajador de Miami en España.

Comimos y tomamos vino en el restaurante "Cruz Blanca". En la Calle Mayor. Los vinos nos entusiasmaron más de la cuenta. Salimos de prisa a buscar un taxi. Teníamos el tiempo limitado para hacer maletas y llegar al aeropuerto.

Sobre mis hombros la presión de un taxi esperando y los efectos del vino. En pocos minutos consolidé lo primero que encontré en una maleta de 10 kilos y 9 kilos en el morral. Los días siguientes, en Rusia, descubrí que me había equivocado. Cargué con ropa para invierno innecesaria para el verano cálido que se vivió en Rusia durante el 2018. Además llevé zapatos innecesarios. En fin, dejé en una maleta de 20 kilos que me guardó mi hijo en su casa de Madrid, otras piezas de ropa que me hicieron falta durante el viaje de casi un mes por ciudades rusas.

Al anochecer abordábamos el vuelo a Sochi, puerto sobre el Mar Negro. Sede del primer juego entre España y Portugal. El vuelo hizo una escala de cuatro horas en Estambul.

El avión de Turkish airlines transportaba a pasajeros de varios países del mundo. En su mayoría viajábamos para asistir a los juegos del Mundial de Fútbol 2018. Se inauguraba al día siguiente de nuestro arribo. Aterrizamos en el aeropuerto de Sochi a las dos de la mañana.

Llené los papeles de migración. En ese proceso de completar la información de los formularios conocí al periodista tanzano Fredy Uraza. Estaba acompañado de Japhet Tibenda, leyenda de la música de Tanzania. Al salir de migración y recoger las maletas tuvimos la sorpresa. Los negocios y almacenes estaban cerrados. Ni banco, ni casa de cambios. Así que ante la falta de dinero ruso para pagar el taxi, nos vimos obligados a quedarnos en el aeropuerto hasta que amaneciera. Nos fuimos a un bar. ¡Oh Suerte! Nos encontramos con locutores y productores de radio de Chicago, Texas, Nueva York y California. Eran oriundos de Centro América y México. Tomando cerveza esperaban a colegas que llegaban en los vuelos siguientes. En el bar trabajaba una rusa. No hablaba inglés pero fue amable y nos alivió la situación. Aceptó el pago de nuestras cervezas con tarjeta de crédito. Las horas pasaron. Ahí estuvimos conversando hasta que amaneció.

Sochi fue una verdadera sorpresa. Yo desconocía de su historia e imponente belleza.

—Han llegado a la capital de la Riviera Rusa— dijo el taxista. Es un destino de nieve y playa.

El taxista tardó media hora en el trayecto del aeropuerto al hotel. La vista del mar Negro. Las playas y las montañas caucásicas nos daban la bienvenida a una ciudad que nos conquistaría.

—Regáleme una moneda de su país— pidió el taxista. Seguramente quería tener un souvenir o coleccionaba monedas. Lo lamentamos. Ni Arturo Mesa, mi compañero de viaje, ni yo, tuvimos una moneda colombiana para obsequiarle.

—Tenemos que cargar monedas para regalar en estos casos, le dije a Arturo.

Nos registramos en el hotel que yo había reservado on line desde Miami. Luego de descansar salimos a caminar. Nos agradó el área. Arborizada, silenciosa y de fácil comunicación con las zonas de interés turístico. Alrededor muchos parques. Amplias avenidas con mansiones y edificios neoclásicos

Por su clima, Sochi ha sido lugar predilecto para sanatorios. Hoy es la capital veraniega de Rusia. Aquí tuvo su dacha favorita el gobernante Joseph Stalin. Durante el mandato del actual jefe de estado Vladimir Putin, han crecido las inversiones. Sochi compite con Abjasia y la costa mediterránea turca. Tienen precios más baratos.

—Soy Armenia—, me dijo una empresaria de ojos almendrados.

—Yo soy de Estambul—, respondió un vendedor de café.

—Soy sirio, veinte años de trabajo aquí en Sochi—, dijo Hassan. Los armenios, rusos y griegos empezaron a poblar las costas de Sochi desde el siglo XIX.

La ciudad tiene numerosos subterráneos para cruzar las vías. Se destaca la comodidad y seguridad.

Una empleada de la aerolínea Aeroflot en Sochi se ganó mi admiración y agradecimiento. Tuvo la cortesía de cambiarme el destino en el tiquete, sin costo. Yo había comprado los tiquetes en avión de Sochi a Saransk, con escala en Moscú para viajar al día siguiente del juego de España y Portugal. En Saransk se jugaba el compromiso Colombia y Japón, cinco días después. El problema consistía en llegar a un lugar como Saransk, con reducida capacidad hotelera. No encontrábamos hotel para dormir. Por lo tanto la mejor decisión fue quedarnos en Moscú, donde había más posibilidades de conseguir cuarto por ser una metrópoli. En efecto, Fabián Díaz, un colombiano que terminó estudios en Moscú y se dedicó al turismo a través de www.guiasrusia.com me consiguió un apartamento en Moscú para la dormida hasta la noche de la partida a Saransk.

El Moscú de hoy está muy distinto respecto de la ciudad que visité por primera vez en 1978, cuando llegué en calidad de diplomático colombiano. Lo veo desarrollado, con innovaciones electrónicas. Edificios ultramodernos. Lo que más me impresiona: gente alegre y receptiva.

En las calles se ven muchos automóviles de alta gama.

—El negocio es montar un lavadero de autos— comentó el periodista colombiano Manolo González Moscote, quien estaba en la capital rusa. Trabajó con la CNN en Moscú. Se estableció con su familia en Miami hace ocho años. Viaja a Rusia frecuentemente para asesorar empresarios.

"Al ruso le encanta tener el auto limpio. Además, es prohibido tenerlo sucio", comentó Manolo.

Lo latinoamericano tiene un boom, argumenta Manolo. Tengo un amigo de América Latina que importa más de 260 productos alimenticios hacia Rusia. El negocio se ha incrementado. En Rusia encuentras la comida de cualquier parte del mundo: griega, italiana, del país que quieras. Moscú es una ciudad que hierve 24 horas. A pesar de que el metro trabaja hasta la una de la mañana, la gente puede moverse en taxi. Son los más baratos del mundo. González Moscote pondera y resalta la evolución social y económica de Rusia.

Ha vivido sus cambios desde que llegó como estudiante hace treinta años. Agentes del gobierno, en esa época, embarcaron en un tren a Manolo. Parece hermano menor de Cassius Clay. Lo enviaron a estudiar ruso a Dusambé. La capital de Tayikistán, a cuatro mil kilómetros, al oriente. Arribó a Asia central luego de una odisea. Una semana cambiando de trenes.

Esta Rusia nueva y moderna a mí también me ha conquistado.

Los cambios del socialismo al capitalismo son palpables. Buenos para bien. Moscú, San Petersburgo, eran ciudades tristes. Hoy son divertidas. La gente en el metro ahora habla y se le ve contenta. Se sienten libres.

Arturo y yo nos hospedamos al norte de Moscú. A cien metros del río Moscú. A pocas cuadras del IBC, —el centro de transmisiones de la FIFA para la Copa del Mundo—. En el apartamento viven Anzor, su primo Murat y su esposa. Jóvenes profesionales, oriundos del Cáucaso. Ubicado en la misma torre de apartamentos, también se alojaron mis colegas de Radio Caracol de Miami. El peruano Jimmy Pérez y el colombiano Ernesto "Te Vi" Barrera. Ernesto fue comentarista de los juegos del Mundial de Fútbol para el programa "Tiro libre con Barrera". Se transmite por la Cadena Azul 15.50 AM, de Miami.

El transporte público en Moscú es eficiente. Permite al visitante moverse y hacer turismo. Alrededor de la Plaza Roja hoy se encuentra un emjambre de compañías turísticas. Prestan servicios ya sea dentro del Kremlin, para cualquier plan en la ciudad o para los atractivos de la periferia.

—Qué te dicen tus amigos rusos— pregunté a Manolo González.

—Los amigos que me he encontrado en Moscú se quejan de la situación económica. Te dicen que están viviendo el día a día. La crisis del 2014 les triplicó sus deudas. Siguen con problemas.

Con los anfitriones del apartamento donde me hospedé trabamos una maravillosa amistad. Aún hoy la cultivamos. Este viaje me sirvió para confirmar que en la nueva Rusia también se pueden hacer buenos amigos y se encuentra gente en quien confiar.

Viaje de Moscú a Saransk. De Moscú salimos para Saransk a las 10 de la noche del lunes 18 de julio en un enorme bus de dos pisos. Yo estaba sentado en el segundo piso del bus. En la segunda fila. El asiento del lado estaba desocupado. Eso me puso contento. Iría más cómodo. Al lado, también en la segunda fila, en la misma condición, viajaba Arturo. Fabio Díaz, el guía organizador de la excursión deportiva, nos informó que viajaríamos toda la noche. Yo tenía especial expectativa de esta experiencia. Recorrer un tramo importante de carretera, en Rusia. Curiosidad por ver los pueblos y el paisaje en la orilla de la carretera. Se inició el viaje. Al poco tiempo se escuchaban los ronquidos de unos. Otros conversando. Hablaban de sus impresiones de Rusia. De la selección de fútbol de Colombia, etc. Un poco después de la media noche, hicimos parada para descansar, ir al baño y comprar algo para merendar. Vi a Arturo durmiendo con la cabeza recostada en el bus. No le dije nada. Bajé para estirar las piernas. Una señora sentada a la entrada del baño cobraba a los que necesitaban entrar para hacer alguna necesidad fisiológica. En las dos tiendas se presentaban demoras. Hacía frío. Colas de compradores. Lentitud para atender. Poca variedad en el surtido de alimentos. Seguimos por una vía en buen estado. Sin iluminación. Segunda parada a las 4:00 a.m. Los baños y las tiendas eran una réplica de la primera parada. Arturo no daba señales de movimiento. Tampoco quise despertarlo en esta ocasión. Lo miré con envidia. Yo solo había dormido unos pocos trechos.

A las 7 de la mañana, luego de recorrer 630 kilómetros, llegamos a Saransk, capital de la República de Mordovia. Es una ciudad intermedia en la cuenca del río Volga. Con monumentos del siglo XVII y XVIII. Conjuntos de apartamentos de la era comunista.

Es conocida por las numerosas cárceles. Por el actor Gerard Depardieu. Renunció a su ciudadanía francesa —por motivos tributarios—. Adquirió la rusa y se residenció en Saransk.

Fui testigo de un milagro. La capacidad hotelera de Saransk es de cinco mil camas. Sin embargo el día 19 de junio pudo albergar más de 25.000 colombianos. Llegamos atraídos por el juego de Colombia-Japón. ¡Eso es un milagro! La entrada al estadio esa tarde se vivió con la alegría de un carnaval. Algo nunca visto en Saransk. Fue un río de camisetas amarillas que se desplazaron por las avenidas de la ciudad. En medio de los aplausos y admiración del público local. Lamentablemente, al final del juego, a la salida, ese río de camisetas amarillas caminaban desconsoladas y tristes. Como si fueran para un cementerio. Un duelo jamás visto en Saransk. Japón dio la sorpresa con la ayuda de un mal árbitro. En el minuto 3 dejó a Colombia con un jugador menos. Decretó un penal. Japón derrotó a Colombia 2-1.

Viaje de Saransk a Kazan. El viaje en tren de 8 horas de Saransk a Kazan fue entretenido. Era otro vetusto tren. El tiquete me costó 2.170 rublos, equivalente a 35 dólares.

Lo que pagó el viaje fue haber tenido la oportunidad de compartir el recorrido con el colombiano Jaime Villareal. Un compañero de litera, de película. Su historia de emigrante de Quimbaya a Sidney justificó la aventura. Y la incomodidad. Cuando Jaime residía en Colombia, sus farmacias se quebraron. No pudo competir con las farmacias de la mafia. Buscó vida en Australia. Vive feliz en Sidney. Viajó con Mateo, su hijo, graduado de contador. Mi otro compañero de litera, era Serguéi, ingeniero ruso. El ruso no se me puede olvidar. A lo largo del recorrido no me habló una palabra. Al final, después de 480 minutos de compartir el viaje, me soltó una sonrisa y se despidió. Tenía la marca registrada: un diente de oro.

En Kazan se encuentran Oriente y Occidente. Nunca me imaginé llegar a la tierra de tártaros. Una ciudad conquistada por Iván el terrible.

Como el de Moscú, el Kremlin de Kazan es una fortaleza preciosa y monumental. En su interior se conserva el Palacio de Gobierno, el Monasterio de la Transfiguración, la Academia Militar, el Patio de los Cañones. Avenidas y jardines de imponente hermosura. Fue construido a orillas del Río Volga por pedido de Iván el Terrible sobre las ruinas del Kanato de Kazan. Los antiguos gobernantes del lugar.

Sobresalen la mezquita Kul Sharif, única por su estética y ubicación. La Catedral de la Anunciación de Kazan de la doctrina rusa ortodoxa. Varias personas me insistieron en una misma circunstancia. El secreto de la grata convivencia de la sociedad en Kazan radica en que hay un culto por la tolerancia religiosa.

Conocí de cerca a una mujer tártara. Le pedí que me permitiera asomarme a sus ojos almendrados y rasgados. Saqué mi cámara y me quedé con el testimonio de una fotografía inolvidable.

Conviven cien nacionalidades euroasiáticas. Ya se imaginarán la riqueza cultural, gastronómica y la variedad de restaurantes.

En medio de una algarabía de tantas nacionalidades, vi el juego de Perú-Francia. Almorcé en un restaurante árabe con influencia persa y turca. Al salir del viejo barrio tártaro, le pregunté a dos jóvenes musulmanas por una dirección. ¡Milagro! No sé que vieron en este explorador loriquero. Sin que yo les solicitara, se ofrecieron a llevarme. Caminamos unos 20 minutos. Mis preguntas no podían faltar.

"Soy de Uzbekistán y estudio historia de Asia, África y Europa", me dijo Shanty. Almira me confesó ser tártara cien por ciento. Estudia humanidades. En Kazan confirmé el fenómeno de la globalización, del milagro de la radio. En todos los locales comerciales sonaba música internacional. Tuve que hacer con frecuencia un alto en mi memoria para cerciorarme de que estaba en Rusia.

3. Moscú, lo más querido de este mundo

Memoria de otros tiempos. El día que fui a conocer la Plaza Roja llevaba a Boris Pasternak en mi mente y un barril de vodka en mis venas.

Antes debo contarles. La noche anterior me alojé en el Rossiya, el hotel más grande del mundo, homologado por el Libro Guinness de récords mundiales, insignia de la hospitalidad soviética.

Rosía o Rossiya era un hotel cuadrado y descomunal, de 21 pisos de altura, con 3.200 habitaciones y una recepción en cada uno de los cuatro costados. Uno de esos lados daba al río Moscú, sobre el malecón Moskvoretsky y otro miraba a la Catedral de San Basilio, en la Plaza Roja.

Cobró mi atención observar que en cada piso la persona de guardia era una rusa. Estaban sentadas en un escritorio y eran las que manejaban las llaves de las habitaciones. Eran rubias monumentales, de cabellos enrollados en forma de moñas. Mujeres altas, voluminosas, gigantescas, de ojos enormes y de diferentes colores: verdes, azules, castaños. De piel como de elefante, pero blancas y con uniformes color caoba parecidas a las esculturas de Fernando Botero, el artista colombiano.

Yo subía y bajaba como un niño, por uno y otro ascensor de la edificación, tratando de descubrir la veracidad de una leyenda. Se especulaba que desde el "búnker" del sótano de ese hotel existía una red de túneles que comunicaban la edificación con el Kremlin. Era una supuesta forma de proteger a los líderes comunistas en caso de amenaza.

Ese extraño andamiaje hotelero con olor a helado de vodka fue construido en 1964 por orden del Soviet Supremo.

El hotel disponía de una sala de conciertos de 2.500 asientos, spa, cine, discoteca, oficina de correos, peluquería y una tienda donde vendían camisas, bufandas, matrioskas, pipas, escudos, banderas, emblemas de la hoz y el martillo, abrigos y otros artículos de fabricación soviética. A las doce del día o a las cinco de la tarde, horas de cierre, las empleadas adoptaban actitudes tajantes: suspendían su trabajo de inmediato, sin importarles que la transacción no se hubiera terminado y la mercancía no se vendiera. El comunismo no les reconocía minutos extras, y ellas no les importaba que dejaran de vender.

Yo había viajado desde Bogotá, veinticuatro horas antes, en un avión de la aerolínea rusa Aeroflot, con escalas en Lima, La Habana, Rabat, Luxemburgo y Frankfurt. Llegamos con el geógrafo Joaquín Molano Campuzano y en Moscú nos recibió el poeta bogotano Henry Luque Muñoz, quien trabajaba en la capital soviética traduciendo libros del ruso al español.

Esa noche celebramos el encuentro con vodka y una tertulia que duró toda la noche. Para mí era una experiencia inédita poder compartir en esa lejanía y en ese entorno capitalino de la otra potencia de la geopolítica mundial, con Joaquín Molano Campuzano, fundador de la Universidad "Jorge Tadeo Lozano", donde yo me había graduado, y departir con un poeta, Henry Luque Muñoz, amplio conocedor de las escabrosas singularidades del mundo soviético.

No solo era tomar licor, sino vodka auténtico en la habitación del piso veinte del hotel, viendo por la ventana la ciudadela del Kremlin con sus ocho catedrales y el palacio que habitaron los zares.

En esa noche de copas en el hotel algunos comentarios políticos requerían cierto tono porque existía la versión de que entre las paredes de los cuartos, la KGB había empotrado micrófonos para espiar las conversaciones de los huéspedes sospechosos. Eran los tiempos de la Guerra Fría, se vivía en tensión y se convivía con un temor permanente.

—¡Son las cinco y media! ¡Vamos a la Plaza Roja para ver el cambio de guardia de las seis de la mañana en el mausoleo Lenin!— exclamó el profesor Molano.

El alcohol en la sangre y las ganas de estar en la famosa plaza de 23.000 metros cuadrados no me protegieron mucho del intenso frío de fin de año.

Yo caminaba y en cada paso estaba presente Boris Pasternak, un escritor ligado al alma moscovita, el mismo que sostenía: "para los moradores nocturnos y los soñadores, Moscú es lo más querido de este mundo".

—Viví en Moscú en tiempos de la Guerra Fría, ansioso de conocer esa cultura, ese otro mundo. Deseaba descubrir el misterio que rodeaba a ese país—, recuerda Manolo González Moscote, quien trabajó varios años en Radio Moscú y fue uno de los colegas con quien caminé el Moscú Viejo, de callecitas diseñadas para coches tirados por caballos. Calles estrechas, de una sola vía y demasiado pequeñas para los automóviles.

"Pude entender lo que es el alma rusa", señaló Manolo. "Son cerrados cuando no te conocen pero dan la camisa si son tus amigos". "Ay de que los traiciones", aseguró el periodista González Moscote.

De sus impresiones de Moscú, Manolo considera que es una ciudad compleja, es enorme, muy grande. El Metro es el más grande del mundo. Las calles de Moscú no tienen números sino nombres. Por cada trayecto tienen un nombre; por ejemplo de la 12 a la 15 un nombre, de la 15 a la 22 se llama de otra manera. Existe un libro de 500 páginas con los nombres.

Las demoras en los cinco aeropuertos de la ciudad se deben al enorme volumen de turistas que la visitan. El ambiente de tensión y las caras impenetrables de los soldados de inmigración que se respiraba en la época de la Unión Soviética, se transformaron en sonrisas y cálida bienvenida, en la actualidad.

"Las mujeres ya no son gordas", agrega Manolo. "Se visten elegantes y se echan perfume". "Hoy los rusos viven para viajar, comer bien y comprar cosas finas".

Los cambios han sido abismales en ese Moscú de ayer y de hoy.

—Cuando llegué hace 40 años era una ciudad con menos polución— declara el periodista bogotano Pedro Clavijo, quien llegó a mediados del siglo XX y se instaló de por vida en Moscú. Tenía pocos autos, —dice— la gente se movilizaba en el metro, refugio de muchos en el invierno. Para Clavijo es mejor trasladarse en el metro que en autobuses o automóviles, porque el metro es agradable, es caliente. Sobre todo tienen un sistema de refrigeración bastante bueno, ahí se respira un poco mejor, opina.

—¿Qué incremento ha tenido el valor del pasaje en el metro?

—Ha subido bastante, cuando yo llegué costaba 5 kopecs, ahora cuesta 50.

—¿Qué puedes contarnos de los cambios de Rusia en los últimos años?

—Cambios con altibajos, este es un país que siempre fue dirigido por líderes: cuando Stalin, era una cosa, cuando Nikita Krushov, era otra cosa, cuando Bresnev, era distinto; y ahora con Putin, también es diferente. Putin ha mirado hacia Europa, se ha abierto bastante, se siente el ambiente más europeo. Es como si los líderes quisieran que Rusia se pareciera más a Europa que a Asia.

—¿Hábitos de comida en este verano?

—Se come mucho pollo, pollo americano, porque es muy barata esa comida. Los rusos lo llaman los perniles de Bush.

—¿A qué se debe la belleza de la mujer rusa?

—Son mezcla de sangre de diferentes zonas—, dijo. Asiática con sangre europea y nórdica.

Según el periodista Clavijo "en la zona de San Petersburgo y alrededores de Moscú se ven mujeres muy bonitas".

—Te lo aseguro yo— comentó Hernando Piñeros, periodista y actualmente cónsul de Colombia en Moscú. Piñeros está casado con una dama de la sociedad moscovita.

El tren de Moscú salió a las 11pm y llegó a San Petersburgo las 7 a.m.

San Petersburgo nació como un sueño de Pedro I. Visitó de joven los Países Bajos entre 1697-1698. Quedó hechizado por la belleza y la estética. Se propuso tener la semejanza de Ámsterdam, Paris y Venecia. Contrató al arquitecto italo-suizo Trezzini para dirigir las obras de construcción. Todos los trabajadores de la amplia Moscovia recibieron la orden de dedicarse con exclusividad al proyecto. La primera piedra fundacional se colocó en la desembocadura del río Neva, en el Báltico. En el año 1703.

El ruso Chevakinski y el italiano Rastrelli dejaron su sello barroco en palacios, edificios, mansiones y plazas.

—Luego llegó la simetría del clásico durante el reinado de Catalina II, 1780-1800—, explica Gala Kavashina. Galerista petersburguesa.

"El triunfo militar ruso en 1812 está presente en las esculturas, en entradas de los edificios y en las plazas de San Petersburgo. El modernismo de 1890-1910 coincidió con el reinado de Nicolás II", dijo Gala.

Fue capital del enorme imperio ruso y ciudad soviética de rango provincial.

Esta ciudad subyuga por sus palacios y avenidas. Se siente el espíritu de su grandeza y arte urbanístico. Ya quisiera yo para el muelle de Lorica una de las dos columnas rostradas color ocre. Sobresalen en el Cabo de la isla

Vasilievski. Simbolizan el poderío marítimo de la armada rusa. Pedro I murió hace 298 años. Todo aquí tiene su sello. El ejército. La gastronomía. El idioma ruso. Las fábricas. La marina. Los caminos. Los periódicos. La imprenta. Las plantas. Los vestidos. Las escuelas. Un autor dijo: cualquier cosa que se mire en Rusia, parte de él. Fue el gran innovador.

Conocí a San Petersburgo en 1984. Para ser más exactos el 21 de Junio. Lo recuerdo porque fue el día más largo del año. Solo oscureció una hora. Como en estas noches blancas de la ciudad del Neva.

En este paraíso soñado nació el novelista Dostoyevsky hace 198 años. El poeta Pushkin hace 220 años. Y en 1970 Polina, una princesita que me sirvió de traductora en un supermercado. Nacida en Blagoveshchensk, una ciudad a 8000 km de San Petersburgo. En la frontera con China.

Quítese el chip del comunismo, esto es como estar en Nueva York, París o Londres. Libre Mercado. Tiendas de todas las marcas. Lujo. Dinero. Gente con sueños y angustias como tú y como yo.

Ojalá Estados Unidos tuviera los metros, troles y servicios de buses que tienen Moscú, Kazan, Sochi o San Petersburgo. Y a precios populares.

El turismo se ha disparado. Después del Mundial, Rusia será el gran destino. Ofrece historia. Arte. Teatro. Comedia. Opera. Parques y gastronomía variada y a precios cómodos. La gente es encantadora

Nunca había hecho yo tantos amigos, de tantos lugares, en un solo país como en esta expedición periodística por la Rusia que acabo de experimentar. Mi agenda de números telefónicos tiene 116 contactos nuevos. De lugares tan exóticos: Shanty de Uzbekistan; Uril del sur de los Urales; Polina de Amur, en la frontera con China; Murzagaliev de Mongolia. Sitios muy lejanos. Tartaria. Armenia. Kazajistán. Siberia. Y otros.

4. San Francisco donde todos quieren vivir

Linda ciudad de colinas al pie del Pacífico. Con su majestuoso puente Golden Gate, no requiere defensores; todos la aman.

Esa es San Francisco, California, la ciudad fundada en 1776 por los españoles y desarrollada por la fiebre del oro. Hoy la más europea de las ciudades de Estados Unidos.

Para muchos la capital de la cultura, la opera, el ballet, el teatro y las artes escénicas. Sede del Museo de Arte Moderno, el Museo de Arte Asiático, la legión de Honor y la Academia de las Ciencias de California.

—Es un destino romántico, tenemos excelente comida, restaurantes de maravilla, el clima agradable, la naturaleza hermosa, la gente es relajada y sus calles son muy bonitas—, respondió sin mucho pensarlo el "chef" del restaurante, el día que llegué. Entre más pregunté, **más elogios me dieron de esta ciudad.**

—Detrás de esos hombres que ves en la calle con jean y camiseta hay millonarios por montones—, dijo David Suárez, el mesero. Son sencillos, informales, no aparentan. Viven la vida muy bien, poseen casas lujosas y tienen jets privados, viajan e invierten su dinero en la bolsa.

A diario se ve a los famosos haciendo ejercicio. La gente es amante de conservar un físico saludable y un cuerpo esbelto, existe un furor por consumir la comida orgánica. El clima es otro factor que conquista a locales y visitantes. La ciudad es conocida por la neblina. Llegan las 4:00 p.m. y no se ve la casa del frente en lo alto de Broadway y en las cabeceras del Golden Gate Bridge.

Desde mediados del siglo XIX cuando la búsqueda de oro atrajo una gran inmigración que la convirtió en la mayor ciudad del Oeste americano, San Francisco no ha frenado su crecimiento económico. Aquí están las grandes corporaciones. A una hora en Cupertino tienen su sede, entre otras, Yahoo, Google, Amazon. Mueven mucha gente bien remunerada. "Nextdoor.com" empezó con 30 empleados y hoy tiene 300, todo esto en solo tres años", anota la cereteana Stella Padrón Jabib, vinculada a la compañía de Kate Spade, una de las diseñadoras de accesorios de moda más reconocidas en el mundo.

Le adoran pero reconocen que San Francisco es un lugar donde todo es más costoso. Inclusive más caro que New York. "Un apartamento no se consigue por menos de 800.000 dólares. En Pacific Heights el alquiler de un apartamento de un cuarto está entre los 8.000 y 10.000 dólares", asegura Padrón Jabib.

—Vivo en South San Francisco y pago 1.850 dólares de renta por un apartamento de un cuarto, sin garaje—, anotó María, inmigrante nicaragüense.

Esto significa que los salarios también son de los más elevados de la nación. "La empleada de la limpieza de un hotel gana diez dólares la hora, la limpieza de una casa veinticinco la hora, la señora que cuida niños, devenga treinta dólares hora y un cajero de banco recibe dos mil dólares semanales", explicó Padrón Jabib que reside en California hace diez años.

San Francisco es centro multicultural, financiero y de transportes de la Bahía de San Francisco, un área que aglutina siete millones de habitantes.

Se caracteriza por sus hoteles elegantes y una amplia red de excelentes restaurantes de comida de mar y gastronomía italiana, francesa, india, vietnamita, china, mexicana, etc. Se localizan especialmente en Valencia Street, de notable toque europeo, mesas al aire libre y atmósfera bohemia. Si tiene dólares desocupados es posible encontrar un menú para una pareja por 1.500 dólares con botella de vino. En la Pequeña Italia hay restaurantes acreditados como Rosa Pistola. A tres cuadras llegamos al Barrio Chino con su comercio bullicioso, y arriba, en los apartamentos, la ropa al sol colgada en los balcones. Este vecindario chino de la avenida Grant y Stockton Street es el más antiguo barrio chino en América del Norte y la comunidad china más grande fuera de Asia.

San Francisco es una ciudad casual. Usan chaquetas de 800 dólares para diario, y dejan la corbata solo para la oficina. El tráfico se ha vuelto pesado. La circulación de los autos se regula con las señales de stop en las esquinas, los conductores se van turnando el paso educadamente. Solo hay semáforos en los puntos de intersección con arterias viales. El peatón es el rey de la vía, no importa que demore caprichosamente en atravesar la senda, está en su derecho. La policía multa al conductor acelerado que no espere que el peatón termine de pasar la vía.

Cualquier cosa puede suceder y nada escandaliza en una sociedad liberal donde todo está permitido. En The Castro los gays pueden ir por la calle desnudos sin temor a que la policía les detenga y les ponga *tiquet*.

Castro, en Eureka Valley, es pionero de los barrios de homosexuales en los Estados Unidos. Vecindario de clase trabajadora en los años 1960 y 1970, Castro sigue siendo uno de los símbolos más prominentes de las personas lesbianas, gays, bisexuales y transgénero (LGBT).

En Mission se concentran los latinos. Es la calle frecuentada por mexicanos, salvadoreños y nicaragüenses. Allí se pueden comprar desde verduras hasta encontrar oficinas de envíos de dinero a Latinoamérica. "Me recuerda la zona de Roosevelt, en Nueva York", comentó Stella Padrón, empresaria cereteana residente en California.

En la noche se abre un gran abanico de opciones para disfrutar. Están, por ejemplo, los distritos de South of Market Street para escuchar jazz y Mission con programas de música en vivo en los clubes latinos.

Después de la media noche, "Figaro" en el Downtown es una de las más populares discotecas de salsa de hispanos, y Castro, el área de los gays mantiene su vitalidad.

Sitios para visitar: Golden Gate Bridge, es un hermoso puente colgante pintado de rojo de tres mil metros de longitud, ícono de la ciudad. Los peatones lo pueden cruzar caminando por una senda especial.

Pier 39 en Beach Street y Embarcadero, es un muelle de la bahía con vistas panorámicas, avistamientos de lobos marinos, restaurantes y tiendas.

Lombard Street es la calle más famosa de San Francisco, donde ocho curvas cerradas la convierten en la calle más torcida del mundo.

Alcatraz es una isla-prisión de alta seguridad. Estuvieron gánsteres famosos y se transformó en un atractivo turístico.

Si conoce o no, San Francisco le espera. La ciudad que a toda hora despide y recibe turistas de todo el mundo.

5. Mark Twain se deslumbró en Nicaragua

Reposo y sosiego. Peces y aves. Un paisaje de árboles. Aguas tranquilas y el volcán "Mombacho", en el horizonte, invitan a admirar su belleza. Fue lo que encontré en el Lago Cocibolca, sur de Nicaragua en la frontera con Costa Rica.

Llegué al promediar la tarde, con buen sol y un azul que obligaba a mirar hacia el cielo.

Tenía aún el sabor del "Guapote". El pescado del que había dado cuenta en un restaurante en la esquina de la plaza principal de Granada.

"No dejes de ir a la Gran Francia", me había sugerido el comentarista cubano Peter Bernal. Dejó Miami para disfrutar de la vida apacible y familiar en Managua.

El restaurante es parte de una enorme joya arquitectónica de estilo rústico y elegante. Los orígenes se remontan a la fundación de la ciudad en el año 1524.

El Lago Cocibolca está a solo tres kilómetros de la ciudad de Granada. Es uno de los lagos más grandes y hermosos del mundo: 8.200 kilómetros cuadrados, 177 kilómetros de largo y profundidades de 31 metros. Casi un tercio de la superficie del Estado de Israel. En muchos mapas figura como el Gran Lago Nicaragua. Tiene una inmensa riqueza en fauna y flora tropical. En sus aguas vive una especie de tiburón de agua dulce.

El lago tiene islas de distintos tamaños, vegetación y pobladores que le dan un ambiente fascinante y paradisíaco único.

Aquí les dicen isletas y suman 365. Las hay desde isletas desiertas hasta otras donde vive un ermitaño o una o varias familias. Solentiname es un archipiélago de 36 islas, al sur del Lago. En las islas más grandes se han formado pueblitos; allí sus habitantes son artesanos que laboran en madera de balsa y pintura *naif.*

En Puerto Asese contraté por quinientos pesos nicaragüenses, equivalentes a unos 30 dólares, los servicios de un "lobo de lago". Alejandro Jarquín prendió el motor "Mercury" de diez caballos de fuerza. Emprendimos el recorrido de una hora por los canales del lago en la pequeña lancha, "La Tiburona".

Es un espectáculo de naturaleza viva. Los colores, el verde y la atmósfera de tranquilidad seducen a cualquier visitante. Mucho más si es de la ciudad.

La lancha sigue su viaje por el pequeño mar de agua dulce. Deja ver un bosque tras otro. "Ese es popocoche", me dice el piloto. Pregunté sobre el tipo de árbol que estamos viendo.

—"Esta es la Isla El Coyolito"—, dice. "Su dueño es un extranjero". Parece una casa flotante. Ahora pasamos por "La Punta El Cocal". Ahí vive Alejandro Jarquín. El nica que cambió el machete del campo por el timón de la lancha de motor fuera de borda en Puerto Asese.

Dejamos el lago y nos fuimos a caminar por Granada. Las casas coloniales atraen el interés del turista. Granada es una ciudad colonial a 28 kilómetros de Managua, la capital nicaragüense.

Granada es cuna de la Beata Sor María Romero, la primera ciudad española en lo que hoy es Nicaragua.

Es además un puerto en donde se puede embarcar hacia Ometepe y hacia el Río San Juan cruzando el Gran Lago.

Tomamos carretera rumbo noroeste 133 km, dos horas largas de viaje. Al medio día llegué a León. Frente a su imponente catedral no había una banca desocupada en el parque. Al parecer es el momento en el que los leonenses suelen tumbarse en las bancas para descansar bajo la sombra de los enormes árboles y hacer la siesta después del almuerzo. Otros caminaban con el palillo en los labios.

León es el destino de los turistas que acuden para visitar el Museo Rubén Darío. La figura más importante que ha dado Nicaragua.

"Yo me morí en la ciudad nicaragüense de León a las diez y dieciocho minutos de la noche del 6 de febrero de 1916 a consecuencia de una cirrosis atrófica del hígado".

Es el poeta. Imaginado por Ian Gibson, en "Yo, Rubén Darío".

Ahora estoy en la casa donde este nicaragüense, el más famoso de todos los tiempos, llegó a los cuarenta días de nacido para salir a los quince años a inmortalizarse con el verso.

La edificación es espaciosa y esquinera. Perteneció a la tía Bernarda y a su marido, el coronel Ramírez. No tuvieron hijos. Hoy es un museo muy visitado.

Guarda la cama donde murió Darío y algunas de sus pertenencias. Documentos. Manuscritos. Ejemplares de su obra, traducida a varias lenguas.

La primera vez que vine aquí, ni lagos ni volcanes se movían sin permiso del Dictador. Fue en la mañana del 23 de diciembre de 1972. Regresé a Managua. Compartí tertulia en una cafetería con tres amigos colombianos: el poeta Carlos Rincón y dos pintores, Fabio Rincón y Alfredo Alewi. Seguíamos la charla iniciada en la tarde y nos sorprendió el terremoto a la media noche. Corrimos detrás de la gente que iba despavorida a la Plaza, huyéndole al miedo del terremoto que había sacudido la tierra hacía solo segundos. Aguardamos frente a la Catedral la esperanza de vida con la llegada de la salida del sol.

Cuarenta años después solicité al taxista que me lleve a la casa de Darío.

"*Azul...* se imprimió en 1888 en Valparaíso bajo los auspicios del poeta de la Barra y de Eduardo Poirier, pues el mecenas a quien fuera dedicado por insinuaciones del primero de estos amigos ni siquiera me acusó recibo del primer ejemplar que le remitiera".

¿Por qué ese título *Azul...*? El mismo Darío responde. "No conocía aún la frase huguesca l'Art cést l'azur, aunque sí la estrofa musical de Les Châtiments. Mas el azul era para mí el color del ensueño, el color del arte, un color helénico y homérico, color oceánico y firmamental, el 'coeruleum', que en Plinio es el color simple que semeja al de los cielos y al zafiro".

El libro no tuvo mucho éxito en Chile, nos dice el hijo de América.

"Apenas se fijaron en él cuando don Juan Valera en una de sus famosas *Cartas Americanas* de los *Lunes del Imparcial*.

El libro está escrito "en muy buen castellano", comentó.

En "Historia de mis libros", Rubén Darío también transcribe un elogio del crítico de la literatura europea y miembro de la Real Academia: "Resulta de aquí un autor nicaragüense que jamás salió de Nicaragua sino para ir a Chile y que es autor tan a la moda de Paris y con tanto *chic* y distinción, que se adelanta a la moda y pudiera modificarla e imponerla".

El humilde niño que creció sin amores maternales ni paternales describe que "un día una vecina me llamó a su casa. Estaba allí una señora vestida de negro que me abrazó y me besó llorando, sin decirme una sola palabra. La vecina me dijo: "esta es tu verdadera madre, se llama Rosa y ha venido a verte desde muy lejos"... Me dejó unos dulces, unos regalitos. Fue para mí rara visión. Desapareció de nuevo. No debía volver a verla hasta más de veinte años después". Solo dos veces vio a su madre.

El soñador solitario se fugaba a "mirar cosas en el cielo, en el mar". Presagios de una vida viajera. El Salvador, primer destino. Europa, las Américas, Nueva York, después.

Visita en Cartagena de Indias a Rafael Núñez. Poeta. Cinco veces elegido presidente de Colombia. El cartagenero le pide un favor al también poeta y presidente Miguel A. Caro. Nombrar a Darío cónsul de Colombia en Buenos Aires. Un país se honraba designando como su representante a una mente lúcida sin distingos de bandera.

"Todo lo renovó Darío", escribirá Borges. "La materia, el vocabulario, la métrica, la magia peculiar de ciertas palabras, la sensibilidad del poeta y de sus lectores".

A la vista del visitante: documentos, primeras ediciones de sus obras, traducciones a varios idiomas, un traje que usó Darío y la cama donde murió el bardo.

Pablo Marego es el nombre del taxista que nos transportó de regreso a Managua por la carretera nueva. Bordeó por un buen tiempo la ribera del lago de Managua.

A un lado de la vía está León Viejo. Un lugar que fue arrasado por el volcán Momotombo en el XVII. Hay varios monumentos. Según nos dijeron "la tumba del conquistador y gobernador español Francisco Hernández de Córdoba, asesinado y enterrado sin cabeza".

Más adelante paramos bajo un matapalo frondoso en La Paz Centro. Hablé con dos hombres que sobreviven vendiendo camisetas de marca introducidas de contrabando desde Panamá.

Nos detuvimos a mitad de camino en un quiosco de Nagarote por recomendación de Martha Selva y Pedro Ramírez para comer quesillos con tiste, una bebida elaborada a base de maíz.

Esta zona del occidente de Nicaragua es una amplia llanura. Abarca los departamentos de León y Chinandega. Lejos se divisa el volcán Momotombo y el Momotombito.

En una línea de 90 kilómetros se perfila la cadena de cerros volcánicos "Los Maribios".

—Nicaragua es el país en América que tiene mayor número de volcanes por kilómetro cuadrado de superficie—, asegura

César Marulanda, uno de los primeros amigos que hice al llegar a Miami hace tres décadas largas. Colombiano estudioso y casado con Ofelia, nacida en Nicaragua. Los volcanes más importantes son: Chonco, San Cristóbal, Apastepe (o Casita), Telica, San Jacinto, Rota, Cerro Negro, Pilas, El Hoyo y Motombo.

—Nicaragua es un país despoblado—, suelen decir los nicas. Son 130.682 kilómetros cuadrados y seis millones de habitantes. Efectivamente si se observa el mapa y la diagonal entre San Carlos, Juigalpa y Matagalpa, se nota que el territorio del oriente está despoblado. En este sector está Bluefields, Corn Islands y el cabo Gracias a Dios.

—En ese punto los barcos del navegante genovés Cristóbal Colón fueron sacudidos por una espantosa tempestad, explicó la periodista Leana Astorga. "Se pensaba que habría un naufragio total. Agradecido el Almirante llamó "Gracias a Dios" a ese cabo del litoral nicaragüenses", agregó Leana.

Los habitantes del litoral atlántico nicaragüense tienen origen afroamericano. Hablan inglés. Dialectos regionales y tienen tradiciones anglosajonas.

En diciembre de 1866 Mark Twain, el reconocido autor norteamericano pasó por Nicaragua. Desde aquí escribió una de sus notas de corresponsal viajero.

Según periodistas de "Revista", publicación nicaragüense, Twain escribió de un viaje. Lo hizo entre los dos océanos por la "Ruta del Tránsito" pasando por San Juan del Sur y el puerto de "La Virgen", en el lago Cocibolca.

Un fragmento de ese viaje dice: «Desde el centro del bellísimo Lago de Nicaragua se yerguen dos magníficas pirámides vestidas por el más suave y concentrado verde, todo espolvoreado de sombra y luz del sol, cuyas cumbres penetran a las esponjadas nubes». Esto le ha valido para que algunos afirmen que Mark Twain fue un gran precursor del turismo mundial.

6. Puerto Rico es "monte y mar"

Los turistas viajan a esta isla del Caribe atraídos por sus playas, el sol y las reliquias históricas del Viejo San Juan. Terminan conquistados por el modo de ser de su gente. Así es Puerto Rico. Un lugar donde su crisis fiscal se debate en las oficinas de gobierno jugando dominó o discutiendo en una esquina. El puertorriqueño es ante todo alegre y festivo.

Las personas nacidas en Puerto Rico son ciudadanos estadounidenses desde 1.917. Gozan de autogobierno similar al de un estado de la Unión Americana. Sin embargo, es un pueblo que mantiene viva la llama de su cultura hispanoamericana: lengua, religión, tradiciones. Sus lazos con España vienen del año 1493, cuando Colón descubrió la isla un 19 de noviembre.

Desde que el turista llega a esta isla de "monte y mar", como dice la canción de Antonio Cabán Vale, que todos cantan como un segundo himno patrio, casi al final de una fiesta, el visitante queda rendido ante el paisaje de palmeras, la brisa y el desenfado. También ante la simpatía del boricua, que es el puertorriqueño nacido en la isla.

El Fuerte San Felipe del Morro fue construido por España en el siglo XVI, para su seguridad militar, en la zona norte de la ciudad. Es una de las fortificaciones de mayor interés turístico en San Juan de Puerto Rico.

Al otro lado de la bahía se encuentra el Fortín San Juan de la Cruz, hasta donde se extendía una cadena submarina para proteger la bahía. Así se impidió la entrada de los piratas como Francis Drake. Pretendió un asalto en 1595.

Caminar por las calles adoquinadas del Viejo San Juan es la forma más entretenida para seguir las huellas del pasado y reconocer una joya de la arquitectura colonial. Luego de la caída del sol, nada mejor que vivir la experiencia de recorrer restaurantes por la Sebastián, la Cristo y la calle Fortaleza.

Se puede ver conservado un valioso conjunto de edificios civiles y militares entre murallas, castillos y fortalezas. Evocan el legado de la hispanidad.

Piratas ingleses, franceses y holandeses fueron repelidos desde estas estructuras a lo largo de los siglos.

Solo hasta el final de la Guerra de Cuba en 1898 con el bombardeo de la marina norteamericana sobre el Castillo de El Morro, cayó la plaza a manos de Estados Unidos.

San Juan, la capital de Puerto Rico, es una hermosa ciudad de 390.000 habitantes y temperatura promedio de 26°C. Segunda ciudad latinoamericana con mayor ingreso per cápita (US 25.400). Solo detrás de Brasilia. Catalogada como una de las ciudades más atractivas para invertir en Latinoamérica.

San Juan es uno de los 78 municipios del Estado Libre Asociado de Puerto Rico. Un territorio no incorporado de los Estados Unidos.

El Condado es un área junto al mar que mantiene su *glamour*. Posadas, tiendas, residencias de extranjeros y rascacielos. Un lugar de fina belleza del Viejo San Juan.

Tuvo su origen en El Condado Vanderbilt, el primer gran hotel de lujo construido, en 1915, por el nieto del magnate de los ferrocarriles, Cornelio, *El Comodoro*. Le siguieron ricas familias quienes levantaron sus casas en esa zona. Luego se construyó la línea del tranvía que le puso un sello de suburbio próspero y *chic*.

Los amantes de las bebidas pueden pasar por la Calle Fortaleza y ver la placa del Restaurante Borrachina. Dice: aquí nació la Piña colada, en 1963, por don Ramon Portas Mingot.

La playa del Condado es frecuentada por turistas y locales. Desean disfrutar de un momento de mar en plena zona urbana.

Las playas: Puerto Rico tiene más de 270 millas de costa y de acuerdo con Travel Channel se cuentan por lo menos 10 excelentes playas de arenas blancas y aguas azules ideales para nadar, practicar "surf", buceo o tomar el sol.

Las más recomendadas son: Playa Flemenco en Culebra, Cabo Rojo en Vieques, La Poza de las Mujeres y Playa Buyé. "Piñones es mi favorita", sugiere el periodista y crítico de música Rafael Vega Curry. "Hay pocitas y no hay oleaje, ideal para ir con familia". A la juventud —dice— le gusta la playa de Ocean Park y Playa Sucia que es lindísima, por la zona de Quebradilla.

De la cocina puertorriqueña el periodista Vega Curry aseguró que "lo típico es el plato de arroz con habichuelas y carne de res, pollo o pescado". "Lo más popular son las alcapurrias, bacalao y pionono".

Agregó: en los restaurantes populares de la costa hay mucho marisco, camarones, pulpo y pescado. En la gastronomía más fina hay de todo: de fusión caribeño-asiática hasta el sushi, que se ha vuelto muy popular. Hay restaurantes italianos, árabes, hay de todo. "Pero lo que más le gusta al puertorriqueño va por el lado de la fritura y el mofongo", dijo el periodista. El reggaetón, la salsa y el merengue siguen muy fuertes.

Al periodista Rafael Vega Curry le solicitamos sus opiniones sobre otros aspectos del acontecer de la isla.

—¿Tres, cuatro nombres de músicos puertorriqueños?

—Rafael Hernández es un compositor muy importante de música popular, respondió. Ismael Rivera, a quien llaman el sonero mayor, —para muchos el mejor cantante que ha dado la isla—, Cheo Feliciano, que murió trágicamente hace dos años.

No podemos olvidar los Ricky Martin y los Chayanne, que también tienen su público amplio.

—¿Cuáles son las mejores Orquestas?

—El Gran Combo se fundó el mismo año que The Rolling Stones, hace 51 años. Y la otra, que tú vas a un baile y estás seguro que no te va a fallar es La Sonora Ponceña.

—¿Cómo se vive hoy la realidad social de Puerto Rico?

—La crisis fiscal es innegable pero aquí la vida sigue. El puertorriqueño tiene un carácter afable, le gusta la fiesta, somos muy fiesteros y eso no ha cambiado. Eso no cambia para nada. Tú vas a los lugares de turismo, al viejo San Juan, y siempre vas a ver las calles llenas y la gente lo está pasando bien. Algunos restaurantes han cerrado, es cierto, pero muchos otros han abierto. El puertorriqueño no pierde la fe ni el gusto por vivir la vida alegre.

—¿Qué tal está la situación actual del turismo?

—Está más fuerte y sólida que en años. Un millón y medio de visitantes de cruceros en el último año. Líneas aéreas como Avianca, Iberia y otras, han reanudado rutas. Si tu vas al Viejo San Juan siempre está lleno de turistas, escuchas gente hablando en alemán, francés, también hay muchos españoles. Hay mucho turista estadounidense y europeo. Muchos se quedan en el Viejo San Juan pero aquí está muy de moda el turismo de experiencia, para ir más allá y ver otros atractivos que tiene la isla, como El Yunque.

Justamente, inolvidable fue mi experiencia de atravesar de a caballo con un grupo de colegas el Parque Nacional de El Yunque. Hermoso bosque tropical de riachuelos, cascadas y caminos propicios para senderismo.

Puerto Rico ha sufrido una emigración masiva en la última década. La población se redujo de 3.400.000 habitantes a 2.900.000, en la actualidad. Se estima que en Estados Unidos residen 3.500.000 puertorriqueños.

Al preguntarle a mi colega Vega Curry por la mejor época para visitar la isla expresó: "en cualquiera. Aquí todo el año es verano".

7. Si no comes en Perú, no sabes lo que te pierdes

Seviche, causa limeña, tiradito y papa a la huancaína, conforman la artillería gastronómica con la que Perú conquistó el mundo a finales del siglo XX y lo goleó con la complacencia de árbitros y cocineros.

Desde ese día en que los "chefs" peruanos desenvainaron sus recetas y exportaron sus comidas, no hay capital de metrópoli, que se respete, que no albergue un restaurante peruano. Tokio, Nueva York, París, Sidney, Madrid, Atenas, Miami, y la lista sigue.

Ya no son solamente Machu Picchu, Cusco, La Amazonía o el lago Titicaca, las razones para viajar al país de los incas. Ahora también atraen la fama del sabor, los ingredientes y la elaboración de la gastronomía creada a partir de la mezcla de lo criollo con las contribuciones de la cocina española, caribeña, africana, china, italiana y japonesa.

Lima, la capital peruana, y el puerto del Callao, forman parte del área metropolitana con 9 millones de habitantes y más de 40 distritos. Un área que experimenta un auge de restaurantes. Compiten a escala internacional.

Gastón Acurio y su esposa Astrid, Pedro Miguel Schiaffino, Rafael Piqueras, Ignacio García, Elena Santos, Alonso García y Santiago Balleta, son algunos de los muchos cocineros, que con técnicas modernas y en permanente evolución, han colocado muy en alto el prestigio de la cocina del Perú.

Bill Gates, el hombre más rico del mundo, y la actriz estadounidense Cameron Díaz, son dos de las figuras más conocidas que han degustado la deliciosa comida que ha ganado adeptos en todo el mundo.

Gentes de Miami, familiarizados con las jaleas de pescado, los tallarines salteados o locro de camarones, de los restaurantes peruanos, dan fe del buen sabor y de los excelentes platos provenientes del Perú.

Sin embargo, no hay como saborear un costillar de cordero con vista al Océano Pacífico, al lado de un trío de músicos entonando canciones de Chabuca Granda y música marinera.

Más que un país, Perú es la divisa de una civilización extraodinaria. Su sello es Machu Picchu, con un patrimonio cultural que se extiende más allá de las fronteras del sur y el norte.

—El inca fue un imperio que dominó cuarenta culturas. Durante la colonia tuvimos la influencia española. Bajo la república llegaron muchas migraciones de todo el mundo—, afirmó Víctor Andrés García Belaunde, autor, historiador y congresista limeño.

Agregó:

—Entre 1850 y 1880 desembarcaron 50.000 chinos. Sumado a las otras culturas han cambiado el escenario y aportado. Por eso la cocina peruana tiene influencias de Asia, Europa, África y América.

García Belaunde asegura que en Perú siempre se ha cocinado muy bien. "Lo qua pasa es que ahora ha pegado un salto internacional. Unos chefs de cierta posición social —de clase alta— se han ido a Paris y han regresado a Lima. Introdujeron la misma comida. La han presentado mejor. Lógicamente atrae más".

—La comida es la misma, se come igual, pero ahora la presentan a la francesa, con adornos. El arroz es el mismo, la papa es la misma, pero te lo presentan mejor. Sin embargo, en el fondo es lo mismo y esa presentación ha permitido el salto hacia fuera—, reitera el congresista peruano.

—Los cocineros peruanos estamos en permanente evolución, sin olvidar lo tradicional, pero poniendo a funcionar la creatividad— expresó Alonso García, propietario del restaurante "Hawaiano", en la avenida Paseo de la República.

García y su sobrino "Nacho" García dueño del restaurante "Puntarenas" en la calle Santa Teresa de Chorrillos, forman parte del grupo de empresarios dedicados a la buena cocina incaica.

Para vibrar con el entusiasmo de los peruanos hay que ir a una noche de Peñas, por Barranco. Escuchar, por ejemplo a Eva Ayllon. Cantando el vals "Contigo Perú", o el festejo "Enamorado de estar aquí".

Barranco es un distrito de Lima, popularmente conocido como la "ciudad de los Molinos". Es un barrio tranquilo. De bohemia. Donde frecuentan poetas y artistas. Es un punto ideal para disfrutar grandes espectáculos culturales y de diversión, en las noches. Naturalmente que el jolgorio se incrementa con una copa de pisco sour, que es la bebida nacional.

—Es un coctel inventado en el "Hotel Maury" en la década de los 30. Ahora es el aperitivo obligado para toda comida y evento social—, afirma la abogada Teresa González, ex integrante del grupo "Las Canelas".

—En embajadas y legaciones de Perú se ofrece pisco sour por mandato oficial, al igual que el pisco nacional —añade el poeta Ademar Sierralta—.

La fórmula clásica es el 3-1-1. O sea 3 partes de pisco, 1 de jarabe de goma y 1 de jugo de limón. Los ingredientes se ponen en una licuadora, con cubos de hielo, y se licúa. Teresa González aconseja que antes de apagar la licuadora se le agregue una clara de huevo para que levante espuma. El pisco sour se sirve con unas gotas de amargo de Angostura.

Las letras peruanas ocupan un lugar elevado en la vida de los peruanos.

Entre los primeros: Garcilaso de la Vega, Mariátegui, Arguedas y Obeso.

Otros autores que en los últimos tiempos también han contribuido con su narrativa a difundir el imaginario y la esencia del pueblo peruano son: Mario Vargas Llosa, Ramón Ribeyro, Alfredo Brice Echenique, Eduardo González Viaña, Fernando Iwazaqui, Juan Carlos Benavides y Santiago Rocagliolo.

—Además de la gastronomía, Lima tiene una gran oferta para que el visitante recorra los templos barrocos y renacentistas, las mansiones y las universidades—, dice Cecilia Lawinsky, doctora en economía de la Universidad de Cracovia, quien ha sido intérprete de Juan Pablo II y Lech Walesa.

La capital peruana era conocida en tiempos coloniales como la ciudad de reyes y virreyes. Era junto con México una de las metrópolis más importantes de América española.

Una visita a Lima debe incluir un recorrido por el centro urbano, está localizado en la orilla norte del río Rímac —que significa "hablador"—; la Plaza de Toros, —una de las más antiguas de América—, museos y edificios coloniales con balcones.

Cecilia Lewisky precisa que Ricardo de Jaxa Malachowski de origen polaco, hizo la Casa de Gobierno y el Palacio de Justicia con portales y balcones.

—Fue la primera firma de arquitectura de principios del siglo XX que aún existe a cargo de los hijos y nietos de su fundador—, dice.

"La ciudad progresó", escribió Julio Ramón Ribeyro, el peruano de la más desproporcionada generosidad que ha vivido en Paris. "Pero nuestra calle perdió su sombra, su paz, su poesía".

Hoy los peruanos luchan por equilibrar el progreso sin perder autenticidad.

Jonathan Yardley, periodista del "Washington Post", se casó con una limeña. Hace varios años se fue a vivir a Miraflores. Refiriéndose a la cocina peruana dijo: "si no la comes no sabes lo que te pierdes".

8. México tiene todo, hasta pirámides

Este viaje comenzó en la animada Plaza Garibaldi de la capital mexicana. Escuché mariachis y tríos románticos. Grupos de música veracruzana. Brindé con tequila en la cantina "Mi Tenampa", tarareando los corridos de José Alfredo Jiménez.

Llegué animado a esta vieja plaza fundada en 1923. Sentí que cumplía mi sueño de encontrarme en la tierra de Pedro Infante, María Félix, Jorge Negrete, Javier Solís y Toni Aguilar, músicos que interpretaban el cancionero de Teresita Córdoba García, una tía enamorada, en la costa atlántica colombiana.

Eran los tiempos de mi infancia. Mi abuelo, José Miguel Córdoba López, la envió a Turbaco a casa de José Manuel Córdoba García, su hermano mayor, mi padre, en las vecindades de Cartagena, 200 kilómetros al noroeste de Lorica. Mi abuelo engañado creía que con la distancia a mi tía se le bajaría la calentura de su pasión juvenil por Silvio Sosa, su enamorado. El impedimento principal que mi abuelo esgrimía —en confidencias familiares— para interponerse a los amoríos de su hija menor, era por motivos políticos. Los Córdoba pertenecían a una tradición conservadora y los Sosa militaban en el partido liberal. La ideología política era factor de división en ciertos estamentos de las capas sociales. En el Barrio Remolino, de puertas pintadas de rojo, vivían las familias liberales. Las puertas de las casas del barrio Cascajal, donde residían los conservadores, eran azules.

Mi tía Tere consolaba sus penas entonando a todo volumen, en el patio de la casa, melodías de despecho.

La cinematografía mexicana se había tomado a Colombia a través de las películas como: *El gavilán pollero, Cuidado con el amor, Escuela de vagabundos, Ahí está el detalle, Aventurera, Bala perdida, El rey de oros, Aquí están los aguilares,* y muchas más. Por esa razón la música de México estaba a la orden del día en teatros, emisoras y fiestas callejeras y sus letras se ajustaban para hacer declaraciones de amor o servían para apagar las penas de las parejas de enamorados.

No era extraño que en medio de una fiesta o entre copa y copa, en casa o en el bar, los colombianos interpretaran el pegajoso cancionero de la música mexicana.

Por estas circunstancias sentí una gran emoción el día que fui a la Plaza Garibaldi de la ciudad de México. Me acoplé a su ambiente de charros, equilibristas y tortillas.

El primer grupo que me abordó fue el de Tony de Montecristo, de Guanajuato.

Abrió la sesión con *Paloma negra*, una ranchera de Amalia Mendoza, "La Tariácuri". Creció el entusiasmo y las solicitudes se multiplicaron: *Yo el aventurero, México lindo, Caminos de Guanajuato, Cuatro caminos, El rey, Si nos dejan.* Los treinta dólares que aporté para la propina, rindieron. Alcanzaron para tener a nuestra disposición, por veinte minutos más, trompetas, coros y guitarrones.

Atravesé la Plaza Garibaldi hacia la calle. Leí sobre la pared de un lote un grafiti que decía: "Se prohíbe orinar a los mariachis, camioneteros y mimos".

Esto es México: absurdo, mágico ingenioso y nacionalista.

Tenochtitlán fue el nombre indígena de la capital mexicana, uno de las más ricos lugares que hallaron los europeos en América.

Este Distrito Federal, o Ciudad de México, con sus veinticinco millones de habitantes, es una de las ciudades más pobladas del mundo. Junto con Tokio y Sao Paulo.

Metrópoli de extensas avenidas como el mundialmente conocido Paseo "La Reforma", con anchas vías; el parque de la Alameda, invadido de buscavidas; el suntuoso Palacio de Bellas Artes y visibles monumentos como: El Ángel, El Castillo de Chapultepec y los canales y jardines de Xochimilco.

El gran reto consiste en controlar los elevados niveles de contaminación atmosférica.

No pretende ser bonita. Sus parques públicos son espacios en los que se puede ver descansando en el prado o una banca al azteca callejero, el mestizo o el turista. La han convertido en la octava potencia turística mundial. Primera en Latinoamérica.

"Los espacios públicos están tomados por la gente", observó Eduardo Durán. Librero colombiano residente en Miami. "Los ricos tienen sus clubes".

La ciudad de México es gigantesca. Tan descomunal que el novelista mexicano Juan Villoro, comentó una anécdota que la retrata perfectamente. Un escritor español de paso por Ciudad de México, fue invitado a cenar por otro mexicano. Luego de la experiencia, quedó impresionando. Comentó que había empleado dos horas en taxi para trasladarse del hotel en la Zona Rosa hasta la casa de su colega en un suburbio. "Fue como estar en Madrid y viajar a La Rioja para cenar", dijo.

El gigantismo es palpable en "El Zócalo". El sitio donde se realizan las concentraciones populares. Está custodiado por la Catedral. Es el Palacio Municipal, que alberga murales de Diego Rivera.

Detrás de la Catedral pueden apreciarse las ruinas desenterradas de la antigua ciudad azteca. En época de su esplendor impresionó a Hernán Cortés. Escribió unos relatos donde se refiere al mercado por el que traficaban diariamente sesenta mil personas.

Eduardo Durán guarda inolvidables recuerdos de su excursión por el Paseo de los Libros. "Es una zona muy popular, de quioscos, puestos de libros viejos y revistas". Según el librero, "el camino a la Editorial Porrúa es feo, pero no es peligroso. Se puede caminar tranquilo con un poco de cuidado".

Aquí la vida cultural es imparable. Nutrida de eventos y exposiciones. Se realizan encuentros literarios y programas artísticos durante todos los días de la semana. Más atractiva es la maravillosa respuesta y participación del público a todos los niveles.

La presencia internacional es un ingrediente que le da un sabor cosmopolita a la cotidianidad mexicana. Va desde el mundo de las artes y las letras, hasta el campo laboral a nivel ejecutivo.

Alejandra Matiz, experta colombiana en restauración artística, recuerda el México de los cuarenta. "Era el París de las Américas". Eran los años de Agustín Lara, los muralistas, Siqueiros, Orozco, Frida, Diego Rivera, Buñuel, Chagal y Porfirio Barba Jacob. "A ese hervidero de talentos e intelectuales llegó mi papá, Leo Matiz. Un fotógrafo colombiano, natural de Aracataca, que le haría el primer estudio fotográfico a María Félix, a Rivera y a Frida Kahlo, con quienes entabló una profunda amistad".

Luego llegarían otros colombianos: Álvaro Mutis, Fernando Botero y Gabriel García Márquez.

Querétaro. Un viaje fuera de la capital de México propició un encuentro con otras realidades del país. La gente es muy amable hospitalaria y alegre. Además las mujeres bellas están fuera de la capital.

Querétaro, San Juan del Río y Tequisquiapan son los tres municipios principales del estado de Querétaro.

San Juan del Río aparece en el kilómetro 20. Tequisquiapan, en el 51. Tiene una población de 60.000 habitantes, balnearios, centros recreacionales, mercado típico de artesanías, el hotel "Las cavas", que opera como centro de convenciones.

En Tequisquiapan también son reconocidas sus artesanías en mimbre y la estación Bernal, antiguo paso ferroviario. Además de ser escenario donde filman telenovelas, posee un monolito de piedra gigante. Catalogado como centro de energía cósmica.

Tequisquiapan es un pueblecito pintoresco y acogedor. Aún la torre de la iglesia ha sido pintada de colores alegres.

El desarrollo turístico le ha permitido crear una adecuada red con los más diversos restaurantes.

La gastronomía mexicana se basa en fríjoles y maíz. Un plato surtido con carne arrachera, nopalitos, arroz, guacamole y frijoles, tiene un valor de ciento veinte pesos mexicanos, 9 dólares.

Querétaro y Guanajuato están unidos por excelentes autopistas. Prototipos de las carreteras de Estados Unidos.

Sus territorios con San Luis Potosí, Zacatecas, Aguascalientes, Morelia y Michoacán forman parte del Bajío, el mayor emporio agrícola y ganadero del país. El 25% de la carne que se consume sale de los hatos del municipio de Ezequiel Montes, en Querétaro.

A los lados de la vía se divisan cultivos de fríjol, sorgo, maíz y zanahoria.

A San Miguel Allende se llega por una carretera que serpentea sobre una zona montañosa del estado de Guanajuato. Los retratos recogen callecitas empedradas, casas de paredes multicolores y techos de teja.

El lugar se conoció antiguamente como San Miguel el Grande. Debe su fundación en 1542 a un monje franciscano.

Es un lugar bello y apacible. La casa donde nació Pedro Vargas, el "Tenor de las Américas", es una visita para los admiradores de su leyenda.

Frente a la casa azul y terracota de Vargas, está un hotel que perteneció a Cantinflas. El famoso actor cómico solía frecuentar este poblado en los años cincuentas y sesentas. Venía acompañado de estrellas del cine y gente de la farándula.

Calculan en cinco mil norteamericanos los que actualmente viven aquí. Atraídos entre otras cosas por la paz, la seguridad y sus aguas termales naturales.

Guanajuato, capital del cuero o la piel, como dicen aquí. Cuna del afamado compositor José Alfredo Jiménez, es otro centro turístico de interés. Un pueblo minero de calles subterráneas formadas de socavones cupríferos.

En Guanajuato hay que dejarse llevar hasta la Calle del Beso, donde los muchachos recitan la historia con final trágico de una pareja de adolescentes enamorados.

La estatua de Pipila, el héroe regional, domina el punto más alto de la roca montañosa, desde un monumento tallado en piedra.

Al comprar un CD de Tony Aguilar en Querétaro pregunté: "¿cuánto hace que murió?".

"¡No muere!", me responde el tendero. Tony Aguilar no ha muerto, quiere decirme.

Los mexicanos son un pueblo de tradiciones y costumbres muy arraigadas. Lo dice el ingeniero barranquillero Juan Carlos Cárcamo, ejecutivo de CICA, una multinacional, en Querétaro. "Son muy apegados a sus costumbres patrióticas y culturales". "Tienen un gran fervor religioso". "El mexicano abre fácilmente las puertas de su casa y de su corazón".

Según el censo de población del 2017 de INEGI, la población mexicana pasa por los 129 millones de habitantes.

El Tratado de Libre Comercio de Norteamérica (TLC) ha facilitado que buena parte de las tiendas y empresas de Estados Unidos establezcan sucursales a lo ancho de la nación. Hay de todo, desde Home Depot, hasta Sams.

En México se dan absurdas contradicciones sociales: juventudes activas en las universidades, pobreza extrema, ostentación, riqueza en la moda, la categoría de los restaurantes, las boutiques, los bares, investigación científica, corrupción, narcotráfico, concentración del poder, desigualdad social, etc.

—El salario mínimo se mantiene en 4.6 dólares—, me dice Héctor Alarcón de Irapoato, área agrícola del camino a Pénjamo.

"Todo depende de la temporada", en opinión del mesero que me sirve el café. Confiesa acercarse a seiscientos dólares en temporada alta.

Leo un letrero: "Se necesitan taquilleras".

—La gente no quiere trabajar—, asegura alguien que me acompaña. "Todos quieren irse para Estados Unidos".

"Los mexicanos somos exageradamente susceptibles y delicados cuando de criticar a nuestro país se trata", dice el escritor Hernán Lara Zavala, de la UNAM. "Podemos darnos el lujo de opinar a diestra y siniestra sobre España, Estados Unidos, Israel, Argentina, Chile, Bolivia o Colombia. Hasta el grado de hablar de la "colombianización" de México. Pero a nuestro país que no lo toquen, porque somos como jarritos de Tlaquepaque".

México lidera por sus extraordinarias cifras de comercio en América Latina. El país seduce con su inagotable riqueza antropológica, por su capacidad para mantenerse peligrosamente cabalgando entre las injusticias sociales, el cinismo de sus gobernantes y las monumentales oportunidades de intercambio comercial.

"Para ver mujeres de ojos verdes, altas y guapas, tienes que ir a Tepatitlán, Altos de Jalisco", me dijo Miguel Barberena, periodista de Excelsior. No hay duda, México lo tiene todo. "México tiene hasta pirámides", decía Leo Matiz, fotógrafo de Aracataca, la tierra donde también nació su amigo, Gabriel García Márquez.

9. Yo viajé en el "Expreso del Sol"

Hay dos viajes inolvidables en mi vida, que son para enmarcar. El primero cuando dejé la Costa Atlántica. Frisaba los catorce años de edad. Iba rumbo a los Llanos Orientales. El segundo, cuando regresé en el tren "Expreso del Sol", de Bogotá a Santa Marta, en el litoral norte. Conecté en bus por carretera, a Lorica.

Disfruté como niño ese viaje en un vagón. Me acompañaron una tía, Carmenza, y Elvira, una prima. Llevé mi diploma de bachiller, debajo del brazo, para enseñarlo a mi familia. Esta ruta fue inaugurada en 1962 y pasaba por seis departamentos. El tren contaba con una docena de vagones de pasajeros, con silletería abullonada, de cuero.

Partió a las 8:00 de la noche desde la Estación de la Sabana en la Avenida Jiménez, de Bogotá. Se deslizó por los carriles en la oscuridad, buscando el sentido norte de Colombia. Dejó atrás el frío de la noche de la sábana cundinamarquesa, las luces de los pueblos de las estribaciones de la Cordillera, las aguas del río Magdalena, las selvas tropicales. Más que un viaje cuya tarifa del pasaje ida y regreso, costaba ciento veinticinco pesos, era mi gran aventura. Cafetales, puentes, cañadas, ríos, ganaderías, bordear poblaciones desconocidas, sentir los climas, la diversidad de gente de otras regiones de Colombia.

Iba a bordo del tren de mis sueños. Abrí una libreta de bolsillo 1968. Hice anotaciones de los lugares por donde transitaba el tren. Fue mi primera prueba para escribir una crónica viajera. Mi primer taller de reportero de viajes. El fogaje bochornoso de la inclemencia del clima, sol y luz, y el cruce del puente de Honda, anunciaban que transitábamos por caseríos de clima cálido.

La máquina con los pasajeros a bordo siguió desplazándose con un chirrido metálico como un quejido de los hierros, sobre los rieles. En la mitad de la madrugada se detuvo en un pueblo. Todavía creo que ha sido uno de los más calurosos que he conocido. Desde el interior del vagón se proyectaba en el centro del pueblo, la antorcha enorme de candela y humo, se levantaba hacia el cielo e iluminaba la silueta de los edificios. Era la refinería de la Empresa colombiana de Petróleo, Ecopetrol. Estábamos en Barrancabermeja, capital petrolera de Colombia. A orillas del río Magdalena, la más importante arteria fluvial de Colombia

—¡Empanadas! ¡Chicharrón! ¡Arepas! ¡Gaseosa! ¡Boli! ¡Mareamina!. Anunciaban los vendedores asomados a las ventanas del vagón, eran muchos.

Compramos empanadas, chicharrón y gaseosas. Calmamos el hambre.

El tren siguió avanzando por las selvas del departamento de Santander. La brisa era bien recibida por los pasajeros que no aguantaban el calor de 40 grados centígrados. Apagamos las luces y nos dormimos.

En la mañana el auto-ferro —como también le decían— se abría paso por entre los bosques. Continuábamos admirando el paisaje de tierra caliente. Consistía en sembrados de algodón. Plantaciones de arroz y cultivos frutales y de plátano.

Hora de encierro del ganado en los corrales. Los corrales. Sembrados. El tren avanzaba por la zona bananera. El aire liviano de la tarde traía un aroma dulzón. Luego las estaciones de las vecindades del mágico Macondo. Las grandes extensiones de cultivos verdes. Las bananeras. Naranjas. Mangos. Más extensiones de bananos. Bosconia. El Copey. Fundación. Aracataca. Ciénaga. Los lugares mencionados en las canciones vallenatas.

A las cuatro de la tarde el tren llegó a su destino en la estación de Santa Marta.

Casi un día de viaje en una silla reclinable para dormir. La juventud y la curiosidad mitigaron las incomodidades del trayecto. Una de mis primeras aventuras viajeras. Inolvidable. Viajar por Colombia y conocer su geografía se me convirtió en una pasión.

10. Chivos y un collar, y te puedes casar

Cuatro Caminos, en la vía a Uribia, arriba, al nooeste de Colombia. Corazón de la península de la Guajira, frontera con Venezuela. Yo había salido de Maracaibo, madrugado. Pasé la frontera y subí a un taxi de varios pasajeros. Me dejó en este cruce de caminos, de ambiente solitario y abandono, al estilo del oeste americano. Me detuve para almorzar en un chiringuito bajo una carpa. Pasaban los camiones y buses. Sol de 40 grados centígrados que llega con puntualidad todos los días. Estoy en el desierto de La Guajira. Frente a mí, calderos y ollas, hornillas, carbón encendido, cenizas, un jarro de café.

—Aquí está su friche—, me dijo la cocinera. Puso sobre la mesa el plato de comida. Alimentación típica de los indígenas wayuú, a base de carne de chivo joven. Es carne frita con jugo de limón, sal y pimienta.

Dos veces pasó el tren con los vagones cargados de carbón extraído de las minas de El Cerrejón. Con destino a la exportación por el puerto de Bahía Honda.

—¿Te quieres casar conmigo?— pregunté a una de las indígenas que estaban junto a mí, en el tenderete.

—Si das un lote de chivos y un collar de perlas a su papá, te puedes casar con ella—, respondió su compañera.

Los wayuú son tribus establecidas en la Guajira colombiana y en el Zulia venezolano. Han soportado el impacto del atropello de los colonizadores. Desde la llegada de los españoles, primero. Después y hasta hoy, el despojo de su tierra y sus recursos. Abuso e infamia contra su cultura.

—Ven, vamos a un velorio—. Me convidó al atardecer, Marcelino "El Negro" Gómez, ex alcalde de Uribia, Guajira. El municipio donde reside la mayor cantidad de indios wayuú.

Salimos de Uribia con el "Negro" Gómez y un grupo de amigos en camionetas 4x4. Es decir, tracción en las cuatro ruedas. Atravesamos caminos rústicos sobre la arena del desierto. Es una inmensa región rodeada de mar, cerros y montañas. De extraordinaria belleza y descomunal riqueza carbonífera. Abandonada del desarrollo por el Estado. Deficientes o inexistentes servicios públicos. No hay vías pavimentadas ni alumbrado público en las vías.

Casi a la media noche hicimos la primera escala. Una ranchería. Conjunto de casas y ranchos de palma, donde vive una familia indígena.

La noche estaba madura. La atmósfera era extraña. En la casa central una docena de hombres alrededor de una mesa, reunidos a media luz tomando whisky Old Par. Comiendo vísceras fritas de chivo. Al lado, en otro rancho, las mujeres cocinaban. En el pasillo los niños jugaban a pesar de lo avanzado de la noche. Más allá, bajo otra enramada, unas personas se congregaban en silencio alrededor del ataúd, con el difunto.

—En estos días vienen los amigos pero después la familia queda sola y acompaña al muerto hasta que es enterrado a las tres semanas en una ceremonia íntima—, me explicó el "Negro" Gómez.

Nos despedimos. Dejamos el velorio. Abordamos las camionetas 4x4. Nos trasladamos a otra ranchería a una hora de viaje. Allí dormimos en chinchorros colgados en una gran sala al aire libre, sin paredes. El firmamento proyectaba gran luminosidad. Una noche romántica causaba admiración por el infinito número de estrellas. Pocos lugares ofrecen una mejor vista de las estrellas que este cielo de Puerto Estrella. Es un punto geográfico en el tope de la costa de la península de la Guajira. Seguramente influye la ausencia de contaminación. La atmósfera es limpia y el aire puro.

De desayuno nos dieron café negro, carimañolas de yuca y arepa de huevo.

Los indígenas wayuú suelen movilizarse en burros, bicicleta, motos, camiones y jeeps, adecuados para caminos polvorientos y arenas movedizas. Los foráneos se confunden en los caminos. Se alejan del camino principal con facilidad. Hay rutas de buses que cubren las remotas rutas. Desde Riohacha hasta Puerto Estrella y Nazareth, un pueblo fundado en la única montaña de la región, conocida como la Sierra Natural de la Macuira. En la Sierra la temperatura es agradable. La fauna y flora corresponden a alturas de ochocientos metros sobre el nivel del mar. Se trata de la formación montañosa más septentrional de América del Sur.

La vegetación es de tunas y monte. En el camino hay rebaños de chivos y ganados. Sobreviven a temperaturas altas y escasez de agua.

Llegar al Cabo de la Vela es alcanzar el 50% de la aventura. El otro 50% se corona al dormir a pocos metros de la playa en una hamaca. Con el murmullo del mar, en cabañas hechas con techo de paja y paredes de bahareque. Ese el paraíso soñado por los amantes de la naturaleza.

Otra de las maravillas de este viaje es comer pescado fresco con arroz con coco y patacones de plátano verde.

El primer europeo que llegó al cabo de la Vela fue un español. Alonso de Ojeda, quien estuvo en este litoral en 1499.

En la península de la Guajira la belleza es exótica. Todo llama la atención, el mar, los atardeceres, las costumbres de las tribus wayuú.

Ellos no arreglan sus pleitos en los juzgados. El "palabrero" es el encargado de administrar justicia a través de la mediación.

11. Bogotá no es solo rumba

Bogotá dejó de ser un pueblo parroquial para convertirse en una metrópoli cálida de 25 grados centígrados de temperatura en el día. No hay capital en América Latina que tenga más centros comerciales que Bogotá.

—Hay 70 complejos comerciales dispersos en toda la urbe. Los más conocidos son Unicentro, Andino, Retiro, Santafé

Su eslogan apoyado en su altitud le da un toque especial: 2640 metros más cerca de las estrellas.

—Bogotá es divino, no se engañe. No crea que es solo rumba—, asegura el empresario José Luis Castañeda.

El Transmicable es otro logro. Un sistema de transporte en teleférico circular, para tránsito rápido parte del Portal Tunal al Mirador El Paraíso.

—En Bogotá se trabaja de ocho de la mañana a ocho de la noche con gran intensidad—, expresó. —De la oficina se pasa al restaurante. Luego se va a unas copas. Se está puntual en la oficina a las ocho de la mañana, afirmó.

El nuevo y moderno terminal aéreo llama la atención del viajero. Todos coinciden en decir que el diseño es muy parecido al aeropuerto de Miami.

—Los felicito, tienen uno de los mejores aeropuertos de América Latina—, comentó a su llegada de El Salvador, Willie Retana, ejecutivo de una multinacional americana.

La transformación de Bogotá en los últimos años salta a la vista. Más rascacielos de oficinas y apartamentos. Más hoteles con el sello de las grandes cadenas internacionales. La capital colombiana es hoy una versión de la Caracas del siglo XX cuando poseía una extraordinaria red con los mejores restaurantes de América Latina.

El ajiaco, el cocido santafereño, la sobrebarriga en salsa, la longaniza y la morcilla, sancocho de gallina o carnes a la brasa, se pueden encontrar en excelentes restaurantes en el barrio La Candelaria, patrimonio arquitectónico y colonial; en la Zona T; al pie del Centro Andino; en la zona G; en el Centro 93 o en Usaquén.

Una cita para almorzar o comer en Bogotá el fin de semana, es una oportunidad para pasear por encantadores pueblos de la periferia de Bogotá. Chía, Cota, Funza, Sopó, La Calera o Zipaquirá.

—Son lugares con maravillosos desarrollos de conjuntos residenciales. Vivir en contacto con la naturaleza—, dijo Tulio Pizarro, editor de Passport Magazine y residente en Cajicá.

Los restaurantes preferidos por los taxistas bogotanos —según la Revista "Semana"— son: Punto 69, Caldo Parado, La playita, El paisa, Asadero Carne Brava y Doña Marlén.

El metro cuadrado de la finca raíz en el sector El Retiro y La Cabrera, de Bogotá, es uno de los más costosos. Después del centro histórico de Cartagena, se cotiza en 3.420 dólares, según la revista Semana.

Venezolanos, españoles, ecuatorianos, chinos y coreanos encabezan la lista de los inmigrantes decididos a quedarse en Colombia.

—Siete de cada tres pacientes que atendí hoy, son venezolanos— comentó la médica Ángela Causíl Durán. La nutrida inmigración de técnicos venezolanos ha sido determinante en el millón largo de barriles diarios que Colombia explota actualmente.

El caos en el tránsito es el lunar de su modernidad. Es una tarea pendiente para que Bogotá sea una capital de cinco estrellas. Por suerte el servicio de taxi es relativamente económico. Una carrera de una hora en taxi no marca más de 20 dólares. Mientras viajas, el chofer te pone al día de la vida política de Colombia o del fútbol internacional.

12. La montaña al pie del mar

Aty Janey Mestre es una amerindia. Nació en Jewrwa y creció con sus tribus arhuacas en la Sierra Nevada de Santa Marta, litoral colombiano. Un hermoso macizo de 5558 metros. La montaña más elevada del mundo, al pie del mar.

Hogar de los koguis en el Parque Arqueológico de Ciudad Perdida, alberga las ruinas del imperio Tayrona. Llegar a ese Machu Picchu colombiano requiere de cinco días. Es la excursión que sueña coronar todo mochilero. El recorrido se hace desde Santa Marta por el Departamento del Magdalena.

Al ver hacia la Guajira se divisa Ranchería y Dibuya. Allí están los asentamientos de las tribus wiwas y arzaris.

De Valledupar hasta los picos nevados y Nabusimaque, habitan los kankuama y los arhuacos.

—Arhuacos es un apodo que nos pusieron los españoles—, explica Aty Janey. —Quiere decir guardadores de guacas—, dice. —Realmente somos iku—. "Gente de la montaña"— explicó.

La Sierra Nevada tiene una rica biodiversidad. Maravillosa fauna, flora y paisajes.

Aty Janey pasó su infancia por los caminos de Jewrwa y Nabusimake. Tierra donde nace el sol. De su madre aprendió técnicas de tejido. Las guías de vida las recibió de Bunchanawi, el Mamo mayor, su abuelo, de 83 años. Se graduó de Administradora de Empresas en la Universidad Nacional, en Bogotá.

En la capital conoció al escritor Hugo Jamioy, de la tribu Camepsa. De Sibundoy, Putumayo, sur de Colombia, frontera con Ecuador. De esa unión nacieron Gunney, Tima, Yuina y Tanny.

—¿Qué somos?— preguntan los niños.

—Kamtukwa—, responde ella.

Sus mochilas se caracterizan por la simbología de los diseños y el colorido.

—Ese es el colorido de la tierra— asegura. —La lluvia, el paisaje y los estados de ánimo.

De Valledupar a Pueblo Bello hay dos horas. Más adelante está Nabusimake, a 1800 metros de altitud. Epicentro sagrado de la cultura arhuaca, a orillas de un río de piedras lisas.

En el camino hay aves y ríos bajando de las sierras. Cultivos de café, maíz y verduras. Se respira aire puro. Todo es verde y silencioso. Se siente la vida en su estado místico.

13. Tres colombianos en La Habana

El vuelo Miami-La Habana es de 40 minutos pero el viaje se demora 12 horas. El charter de VaCuba/Aruba Airlines no sale a tiempo. El alojamiento lo contraté previamente. Pagué una parte en dólares desde Miami. La Habana es una ciudad detenida en el tiempo. Pasan por mi cabeza imágenes de lo que debió ser esa metrópolis en los años 60s. El ambiente. La música. El desparpajo de los cubanos. Bulevares amplios. Palmeras. Grandes residencias. En las calles veo automóviles Chevrolet, Buick, Ford, Oldsmobile de los 40 y 50s. Casi nadie acepta dólares.

—El dólar aquí no vale—, me dicen.

Hay que cambiarlos en CadeCa. Tasa de cambio 0.87 de CUC por dólar. Los extranjeros deben pagar en CUC (unidad de pago dentro de Cuba). Con el peso cubano (dan 24 por dólar). Los cubanos locales compran en los mercados, pagan la "guagua" y la comida en las cafeterías. Una comida en un paladar (restaurante) para extranjeros puede costar de 10 a 17 CUC. Un taxi cuesta entre 5 y 10 CUC. Tampoco reciben las tarjetas de crédito emitidas por bancos de Estados Unidos.

Viajé con el novelista Armando Caicedo y el poeta John Jairo Palomino, de la Fundación Memoria Cultural, invitados a la Feria del Libro de La Habana. Los tres somos colombianos resisdentes en Estados Unidos. Un puente cultural de autores colombianos de Miami: hombres de Palabra. Dos y tres presentaciones diarias, incluida una en la sede de la Unión Nacional de Escritores y Artistas, Uneac, de Pinar del Río.

—¿Qué ha cambiado desde que se firmó el acuerdo con Obama?—, pregunté a varias personas en distintas circunstancias.

—"Que esto mejore"—, declaró un hombre, que aseguró ser padre de cuatro hijos y tener un nieto en un bar en la Calle Obispo, de Habana Vieja.

—"Los cubanos hemos sufrido mucho"—, añadió.

—Están llegando turistas americanos—, dijo un taxista. Abordé en el Centro Cultural Dulce María Loynaz, en el Vedado.

—Si vienen turistas, hay trabajo para los taxistas, restaurantes, hoteles—, agregó.

El siguiente taxista, de otro viaje, observó:

—Obama se quedó corto—. No ha cambiado nada—, manifestó con desilusión. Si fuera a cambiar, esto ya hubiera cambiado, exclamó.

También pregunté:

—¿Qué piensan de la reanudación de relaciones con Estados Unidos?

—Hay muy buenas perspectivas—, afirmó un señor de 80 años. Confesó haber sido oficial de la seguridad del estado y "custodio de la revolución". "Lo primero que tienen que hacer es levantar el embargo; quitar el bloqueo". "Los Estados Unidos siempre llenos de mentiras y falsedades", expresó. "Tratan de atenuar las situaciones que ellos mismos han complicado". Dijo: "pienso que si ellos adoptan las palabras que han dicho, si las cumplen, va a ser de gran beneficio para Cuba".

Tercer día, bajo un cielo limpio. Camino por 17 y E, cerca del Museo de Artes decorativas.

—En ese sector transcurrió mi adolescencia—, me había relatado en alguna ocasión la periodista Olga O'Connor. La Habana se desmorona en pedazos. Las casas reclaman pintura y mantenimiento. Mansiones coloniales, barrocas, art déco, art nouveau, ecléctico. Grandes casas de estilo neoclásico, habitadas por familias premiadas por la revolución, se caen a pedazos. Siboney y Miramar, barrios de las embajadas, se conservan cuidados. El resto se ahoga en el descuido, falta de higiene y malos olores.

Comí en el Idilio, un paladar en el Vedado, que pudiera ser de la calle Ocho, símbolo de los nuevos negocios de particulares. Son los cuentapropistas. Suman medio millón. Uno de los cambios más visibles.

Lo más barato en Cuba es ir al Copelia. Por cinco pesos cubanos, una familia come helados de mantecada y vainilla. Le alcanza para llenar un contenedor de plástico y llevar a la casa.

14. Cuba y la Coca-Cola del olvido

Partí en la mañana ilusionado rumbo a la finca El Vigía, en San Francisco de Paula, a 12 km de La Habana. Donde vivió Ernest Hemingway y escribió la famosa novela *El Viejo y el Mar*. Con el resto de su obra le valió el Nobel de Literatura en 1954.

Pasé por San Miguel del Padrón y Luyanó. Me acordé de Carlos Travieso, un vendedor de cocos de la Calle Ocho, de Miami. Me refirió historias de su pueblo. Y Luis A. Díaz, productor general de la programación en español del Canal 17 WLRN, fue monaguillo en Luyanó.

A lado y lado de la carretera central, se ven edificios de apartamentos decadentes, casas derruidas, y gente "inventando" para sobrevivir, con salarios mensuales de 400 a 700 pesos cubanos. Un dólar equivale a 24 pesos cubanos.

Pagué los siete dólares en la puerta. Entré a la histórica finca escoltado por una decena de buses repletos de turistas canadienses, norteamericanos, ingleses y franceses, principalmente.

—El volumen de turistas se ha incrementado en el último año con la apertura de relaciones diplomáticas entre Cuba y Estados Unidos— dijo el guía. Vienen atraídos por la leyenda del autor de *París era una fiesta*. La propiedad conserva la atmósfera marinera con sus muebles, biblioteca, cuadros. La torre donde Hemingway se refugiaba a crear, bajo una enramada. La lancha "Pilar" en la que el escritor solía irse de pesca al estrecho de la Florida o a tomarse sus mojitos en La Terraza de Cojimar.

—El estudio me lo dio la revolución—, responde el taxista. —También puedo ir al médico pero tengo que darle dinero para que me atienda, agrega. Seguimos el recorrido. Me ofrece tabacos y ron a menor precio que en las tiendas. Hablamos de la situación en la isla. Confiesa que su hija, sicóloga, devenga 405 pesos cubanos.

—Terminó la carrera pero no sirve para nada—, expresa desilusionado. —Se quiere ir para Miami, los jóvenes están frustrados. Todas sus amigas han emigrado, dijo.

El taxista del miércoles de unos cincuenta años de edad manifestó sentirse satisfecho.

—Gano 150 dólares al día—, declaró. —Como carne roja. Llevo langosta a la casa. Tengo una cabaña para arrendar en Varadero. —Soy de clase media—, aseveró.

—Son pocos los que viven como yo—, confesó. Dijo que su trabajo le ha permitido conseguir otro taxi para su hijo mayor que es profesional.

En la tarde, un café con amigos en el Vedado, barrio tradicional de La Habana. Las mansiones suntuosas construidas durante el boom del azúcar en Cuba en la primera mitad del siglo XX, son monumentos al abandono, registran problemas de higiene.

—¿Quiénes defienden la revolución?

—Los que la hicieron—, contesta Katiuska, empleada de un hotel.

Es jueves. Desde el sábado que llegué a La Habana no he tenido información de lo que pasa afuera ni dentro de Cuba. La antena que prometió instalar el arrendador del apartamento para tener la señal wifi del hotel vecino no funcionó. El televisor solo sintoniza tres canales locales, con pocas noticias internacionales. En la noche pasan en repetición los juegos de fútbol de las ligas europeas. Especialmente del Real Madrid y Barcelona. La afición por el fútbol desplazó a la del béisbol. Messi y Cristiano

Ronaldo son los grandes ídolos. Una joven comentó que es fanática del Madrid pero no sabe de fútbol.

—Me gusta Rolando—, afirmó. El único periódico que circula es Gramma, órgano oficial del comité central del partido comunista de Cuba. Los cinco titulares de primera página del miércoles 17 de febrero fueron: "Recibió Raúl al Vicepresidente de Uruguay", "El espíritu de la literatura en La Cabaña", "Por una Universidad acorde con su tiempo", "Restauran el Museo Girón, en Matanzas", "Cuba-EE.UU. Firman memorando de entendimiento para el establecimiento de vuelos regulares".

—¿Tienes familia en Miami?—, pregunté el viernes, al taxista.

—Sí, un hermano—, dijo con tristeza. Pero se tomó la Coca Cola del olvido. No hemos vuelto a saber de él. Yo soy el que cuida a mi mamá.

A las siete de la mañana salimos de La Habana rumbo a Pinar del río. A 180 km y una hora más tarde paramos en la estación de gasolina de Candelaria. No para echarle combustible al Oldsmobile 57 sino para estirar las piernas e ir al baño.

Viajábamos, adelante, el chofer, el dueño del almendrón que nos transportaba, (ambos jóvenes espigados y amables, con empaque de peloteros) y el novelista pinareño Eduardo Martínez Malo. En el asiento trasero íbamos apretados un músico y su amigo, el poeta John Jairo Palomino y yo. Alejandro dejaba notar su orgullo de llevar el volante del almendrón. Un vehículo antiguo de color blanco, en buenas condiciones. El aire acondicionado no se sentía atrás pero sí el volumen de la música de Polo Montañés. Íbamos a bordo de uno de los 14 millones de coches que la General Motors fabricó en su planta de Lansing, Michigan. Llegaron a Cuba a mediados del siglo XX. Época sin precedentes de hoteles de lujo, casinos, turismo y escenarios de las estrellas más famosas del cine y el espectáculo.

—¿Qué vendes en esa caja?— pregunté a un joven que ofrecía algo de comer. A espaldas del vendedor en la baranda de concreto del puente peatonal, está escrita esta consigna en letras desteñidas: "Solo vencen los que luchan y resisten".

—"Pan con jamón-pierna a 10 pesos", respondió y mostró un sándwich. Destacó su fanatismo por la pelota y la música pop.

A pocos kilómetros al dejar la provincia de La Habana y entrar a Pinar del Río, el verde del paisaje multiplica su intensidad y el follaje crece.

—Pinar del Río es el epicentro de la industria tabacalera—, dijo uno de los pasajeros. "Produce el 80 por ciento del tabaco de Cuba", afirmó. "Tabaco tipo exportación, de la firma Alejandro Robaina".

Seguimos. Observé parcelas sembradas en tabaco, gente movilizándose en bicicletas, o en carretones tirados por caballos y a uno que otro hombre o mujer andando a pie o viajando en camiones. Muchos cubanos esparcidos en la vía o aglomerados en las paradas de "guagua" esperan el paso de un bus o los almendrones, autos antiguos reconstruidos, dedicados al servicio de taxis.

Unos días antes preguntamos a los taxistas de La Habana por el valor de un viaje a Pinar del Río. Ida y regreso. "Ciento cuarenta, ciento cincuenta dólares", cotizaron. "Vengan y viajen conmigo nos aconsejó nuestro amigo escritor". A las seis de la mañana estábamos en la estación. Él nos compró los tiquetes y el viaje costó cinco CUC de La Habana-Pinar del Río. Es decir unos siete dólares cada boleto.

En lugar de avisos comerciales en la autopista, vallas con los siguientes mensajes: "Con decisión y firmeza enfrentamos los retos del futuro", "Patria o muerte", "¡Venceremos!", "PCC: este es el partido de todas las batallas", "La patria está hecha del mérito de sus hijos", "57 aniversario del triunfo de la revolución", "Mis sueños no tendrán fronteras" y "Construyendo patria Pinar del Río con vida, con las manos y el corazón".

Adelante un autobús se detuvo para que un grupo de turistas ingleses, italianos y canadienses bajaran y tomaran fotos a dos campesinos. Maniobran una yunta de bueyes arando el campo para cultivar y para que conocieran la ruta del tabaco. Al llegar a Pinar del Río se experimenta la paz de las zonas alejadas de la capital. Los habaneros son más impersonales y los vecinos no se conocen. Frente a la sede de UNEAC casas de estilo republicano. De color verde, azul, amarillo. Con corredores amplios y portones altos.

—Los pinareños somos sencillos, hospitalarios y sin grandes pretensiones—, dijo Martínez Malo.

–¿Leen mucho aquí?—, pregunté a un cuentista local con un trago de ron Alabao en la mano.

Contestó: El consumo audiovisual está desbancando la lectura de papel. Una modalidad, un negocio que inventó alguien. Con disco duro externo copian lo que pasa en la semana. Lo más importante de las televisoras extranjeras. Noticias, novelas, películas, cosas de internet en un *tera* de información. Eso corre de mano en mano y se vende a un dólar el paquete de la semana. Yo lo compro porque hay cosas que me interesan. El paquete se ha impuesto ante la falta de Internet.

Era mi cuarto día en Cuba y seguía sin wifi, sin teléfono y sin periódicos.

En una sala de La Habana, sentado frente a un anticuado televisor, me devolvió en el tiempo al aparato en el que vi la llegada del hombre a la luna, en julio de 1969. El dueño de la casa soltó una expresión que sacudió el calor abrasador del medio día. La mala vida no nos ha quitado la alegría.

Los cubanos comparten no solo su *modus vivendi*, sino la filosofía de su realidad cotidiana mientras conversan con sus amigos. *Resuelven* o *inventan* a lo largo del día.

Para los locales esas expresiones son pan de cada día. Para los curiosos viajeros que estábamos de paso, el lenguaje popular enriquece la fugaz mirada de siete días en Cuba. Entre otras cosas cumplía una sentencia de Zoé Valdés.

—Un periodista debe visitar a Cuba antes de que aquello se caiga—, me dijo en Murcia, España, en la final de un concurso de cuento en el que coincidimos.

En la isla cada quien expresa lo que siente y ha experimentado. Cada pensamiento contiene el drama que se vive a 90 millas de Miami.

"Después del periodo especial llegaron los viajes de la comunidad (a Miami) y vimos que había una vida mejor".

A mi lado, en el avión de Miami a La Habana, viajó Carlos T., quien llegó en balsa a las costas de la Florida. "Varios compañeros de aventura se perdieron en el mar". Ahora él regresa con sus zapatos blancos y la chaqueta roja, una cadena de oro gruesa en el cuello, un reloj grande de pulso, una camiseta con la bandera americana y una manilla de oro en la muñeca del brazo izquierdo. "Voy a visitar a la familia a San Miguel del Padrón". Lo veo bajar del avión. Ingresa a la sala y se pone en contacto con una empleada del aeropuerto. Conversan como si fueran viejos amigos. Cuaderno en mano, ella anota los paquetes que él le indica que lleva. Es la encargada de asistirlo en localizar sus bultos de mercancía que lleva de las tiendas de Miami a su familia. Un día después, el poeta colombiano John Jairo Palomino, quien viajaba con el novelista Armando Caicedo y conmigo, a la Feria del Libro de La Habana, descubrió que le sacaron dos teléfonos móviles de su equipaje. "Estoy seguro de que me metieron la mano en el aeropuerto", asegura.

—¿Que haces en Miami?, pregunté al hombre de la cadena de oro en el pecho.

—Vendo cocos en la Calle Ocho, respondió Carlos T. "Los consigo gratis en una finca y los vendo a dólar".

Cubano con un familiar en Miami tiene asegurada su supervivencia. 50 dólares al mes alcanzan para comer y vivir, según cálculos. Desde Miami giran más de mil millones de dólares a familiares en la isla y se nota en la ropa, los zapatos y el reloj. Quienes reciben remesas hacen la diferencia.

Ya dije que en Cuba me fue imposible leer periódicos y actualizarme de lo que ocurría en el mundo a través de Internet. Sin embargo, me retaron para que ingresara a www.revolico.com y me enterara de una página "donde puedes vender o comprar propiedades, casa capitalista, en la ciudad o en la playa. Y te ofrecen tramitar visas para México cien por ciento legal y sin engaños".

—¿Y no está prohibido hacer este tipo de negocios?

—Pues van a tener que meternos a todos en la cárcel, esto lo hacemos todos—, dijo.

Después de admirar uno de los paisajes más hermosos de la naturaleza de Cuba, el Valle de Viñales, escuché entre risas las siguientes frases cargadas de ironía política: no se podía tener en Cuba ropa de marca, eso era diversionismo ideológico. El pelo largo, nada de eso. La décima de los setentas, ochentas: llegarán inviernos, veranos, otoños y primaveras y podrá el pueblo cubano vestir con coba (ropa) de afuera. Se acabarán los gusanos, habrá jama en abundancia, se podrá viajar a Francia, y tener un maquinón hasta hacerse ma...cón, sin perder la militancia. Lo único que se ha cumplido es que se puede ser ma..cón, y ser militante del partido. Eso es de Raúl Wichi Noguera.

—¿En Cuba tienen estudio y medicina gratis?

El taxista respondió acalorado: "no, usted está equivocado como turista, ¿sabe por qué?, porque yo voy a ver al médico para sacarme sangre y yo le doy cinco dólares, cinco CUC. El salario mínimo normal son 500. Y cuando yo voy a ver un médico yo le llevo cinco dólares, o le llevo una merienda con refresco para que me atienda bien, si no, me atiende mal. Y es lógico, amigo, porque ese médico está ganado 500 pesos que son 20 CUC".

Semanas después de regresar de la isla, el debate político sigue y seguirá en Miami.

Un grupo del exilio se oponía al Presidente Obama, de dar a cambio de nada. Y me vino a la cabeza el raciocinio de un peluquero en el Vedado. "Los de Miami tienen comida y los

Castro, también". "Ellos aquí son dueños con sus testaferros del Bacardí, el turismo, de todo". "Nosotros los de a pie seguimos hambrientos, esperando. ¿Hasta cuando?"

15. Bandolerismo en altamar

1. Antes de terminar esta aventura quiero contarles algo más del Capitán Rino Buvoli, un personaje que conocí cuando llegué de Colombia a la "Capital del Sol", el 7 de febrero de 1987, como corresponsal del diario "El Espectador" de Bogotá y la cadena radial "Caracol". Vine con el propósito de cubrir el juicio del narcotraficante Carlos Lehder Rivas, en Jacksonville. Eran los tiempos del vibrante y riesgoso "Miami Vice".

El capitán Rino Buvoli se dedicaba a transportar pasajeros por el Adriático, en el tacón de la bota italiana. Navegaba entre Albania, Montenegro y Corfú.

Yo estaba en Miami y era sábado a media mañana, de brisa y sol. Era de esos días que invitan a navegar en la bahía.

—¿En qué andas?— me preguntó el Capitán Rino.

—Listo para vagabundear— respondí.

—¿Una cerveza?— invitó. —Vamos, el día está caluroso—, dijo. Entramos al bar. Al pie del río.

Me habló de todo como siempre. De las epopeyas expansionistas de sus tíos otomanos de Estambul, de la suerte de los jenízaros en Topkapi, de sus vacaciones juveniles como estudiante en la isla griega de Cefalonia.

—¿Y tus ancestros? Cuéntame—, me preguntó.

Le respondí:

—Soy descendiente de una dinastía de campesinos medievales de Andalucía.

Se impresionó y tomó más cerveza.

—Según creo recordar —seguí relatando—, de chico me parece haber escuchado decir que aquellos ancestros anclaban sus raíces en judíos portugueses que salieron de la Sinagoga de Ámsterdam. Atracaron en Curazao antes de llegar a tierra firme en las Américas. Esto por el lado materno, por la rama paterna se pudo colegir que varias generaciones anteriores militaron en el bandolerismo. Para ser exactos, en las crónicas del crimen organizado del sur de España. Mi parentela es dueña y ocupa lugares de privilegio en el manejo de la espada como asaltantes de caminos en Cádiz y robos de caudales en las residencias del Callejón del Dolor en Marbella. Pueblo de pescadores a orillas del Mediterráneo.

2. —Me enamoré de América Latina por seguir a una mujer admirable— confesó el capitán Buvoli. Me inicié en la lengua de Cervantes en Santa Cruz de Lorica, contando historias de las victorias de Napoleón Bonaparte en Alejandría y El Cairo a los estudiantes del colegio "Lacides C. Bersal".

Mis encuentros con el Capitán Buvoli son interminables. Ahora nos vemos menos que antes. Con él pasé el tiempo necesario para aprender a "piratear" arte desde Santo Domingo. Contrabandear inmigrantes de Cuba, Venezuela y China desde el Golfo de Urabá y Panamá. Recuerdo aquella noche como hoy. La noche que descubrimos la ensenada más segura por donde entrar a Estados Unidos ilegalmente, rusas y ucranianas esculturales. Las embarcábamos en San Andrés Islas y Aruba con destino a los "night clubs" de Fort Lauderdale y Las Vegas.

Guardaba lealtad a sus amigos pero el Capitán era implacable con quien le birlaba una moneda o le daba malas señas.

Meses después estaba yo en el bar del Restaurante "Jamón Ibérico Patanegra", del chef Felipe Pérez, a orillas del río Miami. En medio de la algarabía de los comerciantes de electrodomésticos y bicicletas robadas, que los reducidores despachaban en lanchas para Puerto Príncipe y otros destinos, el Capitán se me acercó:

—Por fin sé donde te metes, periodista— dijo.

—Aquí vengo a comer cocina española— le respondí.

El Capitán soltó su sonora carcajada. Su aliento a licor y tabaco me golpeó la cara. Yo contuve la respiración sin que él lo notara. Pensé por unos segundos en el esfuerzo que tienen que hacer las mujeres para abrazar y besar a los hombres malolientes, sin chistar. Nos estrechamos las manos con euforia. Como viejos compinches de barrio.

3. Seguí compartiendo con el Capitán en nuestras salidas por las islas caribeñas. Luego de años de tratarlo, lo calibré como un tránsfuga testarudo. Inconfundible su sonora carcajada. Hábitos de jugador cascarrabias. Retrechero. Ya éramos panas, amigos que congeniábamos. Nos confiábamos secretos por la buena química. Por esas razones el Capitán Buvoli me adoptó como a un sobrino favorito.

—Yo te voy a invitar a navegar de verdad para que conozcas la vida en el mar— prometió una tarde, entre copa y copa. Comíamos con vista al mar, calamares y pescado frito con papas, en Grove Bay Grill. Un tradicional restaurante en Coconut Grove.

El Capitán me habló del secreto de los buenos vinos. Me conectó con sectas de iniciados en espiritismo. Me dio técnicas caseras para la conquista femenina.

En alguna oportunidad lo acompañé a Cabo Tavernier en la milla 88 de la vía a los Cayos. Allí tenía un barco robado de 150 pies. Estuvo a nombre del chofer de un chavista arrepentido.

Lo adquirió con dineros suministrados por un ex jefe de PDVSA. Le confió dar vida a una línea de transporte de pasajeros entre Isla Margarita-Kingston-Gran Cayman-Cozumel para lavar dinero y camuflarlo en inversiones de apartamentos de Brickell Avenue.

El Capitán estaba listo para emprender el regreso por las aguas del estrecho de la Florida. Tuvo noticia de levantamientos populares en Venezuela.

Las protestas terminaron con la salida del dictador.

El Capitán interpretó la crisis a su interés. Creyó conveniente esperar hasta que se apaciguaran los ánimos en Venezuela. Sobrevivió a la crisis económica uniéndose a los pescadores de Watson Island y vendiendo lo que pescaba a los restaurantes locales de Miami.

4. Cuando Nicolás Maduro casi cae derrocado y obligado a salir de Venezuela con la familia y su pandilla de delincuentes, el Capitán no lo dudó y detuvo la brújula en Key Biscayne.

Desde que echó anclas en Miami, "La Golondrine" —así llamada su lancha— tuvo diversos rumbos, como dije, casi todos al margen de la ley. Fue alquilada algunas veces por exiliados de la Brigada 2506 de Miami, con el fin de llevar imprentas portátiles, bultos de papel y auxilios para la oposición y apoyar su lucha contra la dictadura de Cuba. En algunos casos se prestó para recoger pasajeros en calas cubanas y soltarlos en Key Biscayne a cambio de paquetes de dólares.

En otro tiempo, la nave sirvió para transportar troncos de bosque primitivo procedente de los manglares de Guapi, en Colombia, Nicaragua y Honduras, con destino a los fabricantes de muebles de North Carolina.

El capitán Buvoli era el típico pillo que sabía ganarse el aprecio de sus clientes. El escudo oxidado en su kepis blanco contrastaba con el aroma a vainilla que irradiaba el humo de su pipa. Pocos sospechaban las actividades ilícitas de este setentón, de piel bronceada y vientre bien agenciado.

—Vamos a Gran Cayman, tengo cita con un cliente— propuso.

—Imposible, mi Capi, parto a una campaña periodística por África— respondí. Estoy escribiendo otro libro de aventuras sobre cómo encontrar un modelo de felicidad sin buscarla y con la mujer a bordo.

—Cuando vuelva a Miami te busco, si sobrevivo— le dije, y nos abrazamos para despedirnos como dos hermanos.

180 días después, frente a mí, el mar de Miami, el sol, y las costas de Florida.

—¿Qué sigue mañana?—, preguntó Maripaz. Mañana temprano saldré a buscar al capitán Rino Buvoli. Mi amigo, el marinero.

Miami, febrero 25, 2019.

SOBRE EL AUTOR

Enrique Córdoba Rocha, oriundo de Lorica, Córdoba, Colombia, tiene su cama en Miami, la computadora en una mochila y la ropa en una maleta. Viaja la mayor parte del año a cualquier lugar del mundo, donde lo invitan las oficinas de turismo, gobiernos, aerolíneas, cadenas hoteleras, bodegas de vinos, tostadores de café, ferias del libro y amigos millonarios. Cuando no lo invitan, paga sus boletos y viaja con su esposa a visitar a cinco, diez o quince, de los doce mil amigos que ha hecho alrededor del mundo.

Su programa de entrevistas en Radio Caracol Miami cumplió 31 años y se transmite los domingos de 1 a 2 p.m. www.caracol1260.com

El programa de televisión se emite, desde hace 32 años, todos los domingos a las 4 p.m. en WLRN Canal 17. Córdoba es autor de cinco libros de entrevistas y crónicas de viajes.

Escribe para El Nuevo Herald y otras publicaciones especializadas.

Facebook: Enrique Cordoba
Instagram: cordobar
Twiter: @enriquecordoba
www.elmarcopolodelorica.com

www.ingramcontent.com/pod-product-compliance
Lightning Source LLC
Chambersburg PA
CBHW030111100526
44591CB00009B/358